우리고전 100선 05

개구리 울음소리 — 장유 선집

우리고전 100선 05
개구리 울음소리―장유 선집

2006년 11월 27일 초판 1쇄 발행
2011년 1월 28일 초판 2쇄 발행

편역   최지녀
기획   박희병
펴낸이   한철희
펴낸곳   돌베개
책임편집   이경아 이혜승
편집   김희동 윤미향 서민경 김희진
디자인   박정은 이은정 박정영
디자인기획   민진기디자인
표지그림   전갑배 (일러스트레이터, 서울시립대학교 시각디자인대학원 교수)

등록   1979년 8월 25일 제406-2003-018호
주소   (413-756) 경기도 파주시 교하읍 문발리 파주출판도시 532-4
전화   (031)955-5020
팩스   (031)955-5050
홈페이지   www.dolbegae.com
전자우편   book@dolbegae.co.kr

ⓒ최지녀, 2006

ISBN 89-7199-255-7 04810
ISBN 89-7199-250-6 (세트)

이 책에 실린 글의 무단 전재와 복제를 금합니다.
책값은 뒤표지에 있습니다.
이 도서의 국립중앙도서관 출판시도서목록(CIP)은
e-CIP 홈페이지(http://www.nl.go.kr/cip.php)에서
이용하실 수 있습니다. (CIP제어번호:CIP2006002500)

우리고전 100선 05

개구리 울음소리
―
장유 선집

최지녀 편역

돌베개

간행사

　지금 세계화의 파도가 높다. 현재 진행되고 있는 세계화는 비단 '자본'의 문제이기만 한 것이 아니라, '문화'와 '정신'의 문제이기도 하다. 그 점에서, 세계화에 어떻게 대응할 것인가 하는 것은 우리의 생존이 걸린 사활적(死活的) 문제인 것이다. 이 총서는 이런 위기의식에서 기획되었으니, 세계화에 대한 문화적 방면에서의 주체적 대응이랄 수 있다.

　생태학적으로 생물다양성의 옹호가 정당한 것처럼, 문화다양성의 옹호 역시 정당한 것이며 존중되지 않으면 안 된다. 그럼에도 세계화의 추세 속에서 문화다양성은 점점 벼랑 끝으로 내몰리고 있는 것처럼 보인다. 하지만 문화적 다양성 없이 우리가 온전하고 행복한 삶을 살 수 있겠는가. 동아시아인, 그리고 한국인으로서의 문화적 정체성은 인권(人權), 즉 인간권리의 문제이기도 하기 때문이다. 그래서 우리 고전에 대한 새로운 조명과 관심의 확대가 절실히 요망된다.

　우리 고전이란 무엇을 말함인가. 그것은 비단 문학만이 아니라, 역사와 철학, 예술과 사상을 두루 망라한다. 그러므로 일반적으로 알려져 있는 것보다 훨씬 광대하고, 포괄적이며, 문제적이다.

　하지만, 고전이란 건 따분하고 재미없지 않은가? 이런 생각의 상당 부분은 편견일 수 있다. 그리고 이런 편견의 형성에는 고전을 연구하는 사람들에게 큰 책임이 있다. 시대적 요구에 귀 기울이지 않은 채 딱딱하고 난삽한 고전 텍스트를 재생산해 왔으니까. 이런 점을 자성하면서 이 총서는 다음의 두 가지 점에 특히 유의하고자 한다. 하나는, 권위주의적이고 고지식한 고전의 이미지를 탈피하는 것. 둘은, 시대적 요구를 고려한다는 그럴 듯한 명분을 내세워 상업주의에 영합한 값싼 엉터리 고전책을 만들지 않도록 하는 것. 요컨대, 세계시민의 일원인 21세기 한국인이 부담감 없이 '쉽게' 접근할 수 있는, 그러면서도 품격과 아름다움과 깊이를 갖춘 우리 고전을 만드는 게 이 총서가 추구하는 기본 방향이다. 이를 위해 이 총서는, 내용적으로든 형식적으로든, 기존의 어떤 책들과도 구별되는 여러 가지 모색을 시도하고 있다. 그리하여 고등학생 이상이면 읽고 이해할 수 있도록 번역에 각별히 신경을 쓰고, 작품에 간단한 해설을 붙이기도 하는 등, 독자의 이해를 돕고자 하였다.

특히 이 총서는 좋은 선집(選集)을 만드는 데 큰 힘을 쏟고자 한다. 고전의 현대화는 결국 빼어난 선집을 엮는 일이 관건이자 종착점이기 때문이다. 이 총서는 지난 20세기에 마련된 한국 고전의 레퍼토리를 답습하지 않고, 21세기적 전망에서 한국의 고전을 새롭게 재구축하는 작업을 시도할 것이다. 실로 많은 난관이 예상된다. 하지만 최선을 다해 앞으로 나아가고자 한다. 그리하여 비록 좀 느리더라도 최소한의 품격과 질적 수준을 '끝까지' 유지하고자 한다. 편달과 성원을 기대한다.

박희병

책머리에

우리 고전에 대한 사회적 관심이 조금씩 커지고 있다고는 하지만 여전히 기존의 유명한 작가, 유명한 작품 중심으로 고전의 '유통'이 이루어지고 있다든지, 새로운 작품이며 작가를 소개한다고 해도 요즘 감각에 맞는 정갈하고 어여쁜 글만 인기를 모으고 있다든지 하는 문제는 여전히 남아 있다. 특히 한문학을 주(主)로 했던 문인들의 도저한 사상과 섬세한 감각이 담긴 글들이 일반 독자들에게는 거의 알려져 있지 않은 것은 퍽 안타까운 일이다. 하물며 그 문명(文名)이 당대에는 물론 삼백 년 후까지 짜했던 인물임에랴!

이 책에서 소개하고 있는 시와 산문의 작자인 계곡 장유(谿谷 張維, 1587~1638)는 조선 중기를 대표하는 문인 가운데 한 사람이다. 그는 중심에 있으면서도 항상 그 외부를 지향하는 인물이었다. 그는 정통으로 받아들여지던 성리학(性理學) 외에도 다양한 분야의 학문에 관심을 두었고, 서울에서 높은 벼슬을 두루 거치면서도 고향으로 돌아가 농사짓기를 희망하였으며, 내 안에 갇히지 말고 나 아닌 것과 하나가 되어야 한다고 주장하였다. 그래야만 학문에 발전이 있고, 사람이 바른 인간성을 회복할 수 있으며, 사람들 사이의 다툼과 공격이 사라질 것이라고 믿었다. 요즘 말로 하면 다양성을 인정하고 남과 공존해야만 우리네 삶의 질이 높아진다는 것이 그의 생각이었다. 남다른 총명함 때문이었을까, 유난히 병약한 체질 때문이었을까, 이렇게 장유는 중심 바깥에 있는 것들의 가치 및 중심으로 상정된 존재와 주변으로 상정된 존재의 관계에 주목하였으며, 그러한 관심을 간결하면서도 분명한 언어로 형상화하였다.

  20세기 초까지도 이어지던 장유의 문장에 대한 칭송은 어느새 오늘날의 독자에게는 낯선 것이 되고 말았다. 그러나 자연과 사람에 대한 사람의 폭력이 그 어느 때보다 강력하고 광범위해진 오늘날이야말로 이기심을 버리고 다양한 존재의 공존을 인정하라는 장유의 말이 가장 긴요한 때가 아닌가 한다. 병상에서의 하소연, 아름다운 풍경에 대한 감탄, 지방관이 되어 떠나는 친구에 대한 격려, 편협한 조선의 학문에 대한 준엄한 비판 등 다양한 색깔을 지닌 장유의 글을 통해 독자들이 잃었던 감성을 조금이나마 회복하고, '지금 여기'의 문제에 보다 현명하게 대처할 수 있는 지혜를 얻기를 기대해 본다.

2006년 11월
최지녀

차례

004 간행사
006 책머리에

227 해설
248 장유 연보
250 작품 원제
256 찾아보기

그리운 얼굴

- 021 아이들의 죽음을 슬퍼하다
- 023 집에 돌아오니
- 024 딸이 죽은 지 일 년 되는 날에
- 026 나그네 마음
- 027 9월 9일에
- 028 친구가 생강을 보내 주어
- 030 벗들에게
- 031 돌아가신 김상관 어른을 슬퍼하며
- 033 정 털보와의 작별
- 034 원님으로 가는 김상복에게
- 035 보내온 서류에 감사하며
- 036 시험에 떨어진 이에게
- 037 돌아서면 그리워
- 038 정홍명과 이명한에게
- 039 돌아갈 기약
- 040 나그네의 모습
- 041 그리운 고향
- 042 시냇물 소리

詩

흐르는 사계(四季)

詩

- 045 봄날에 젖어
- 046 약초밭에 봄비
- 047 봄, 길 위에서
- 048 노들나루
- 049 궂은비가 자꾸 내리면
- 051 모란꽃
- 052 산협에 노닐며
- 053 포도
- 054 고기잡이 구경
- 055 맨드라미
- 056 인생
- 057 바닷가 마을 풍경
- 059 가을 풍경 1
- 060 가을 풍경 2
- 061 들국화
- 062 추수
- 063 가을날 친구의 별장을 방문하고
- 064 12월의 국화
- 065 달빛 속의 매화
- 066 폭설
- 067 섣달 그믐날 길을 가며

병중의 읊조림

詩

- 071 병중에 답청일을 맞아
- 074 조물주에게 묻다
- 076 조물주가 답하다
- 078 가을날 병들어 누워
- 080 엎드려 쓰는 시
- 081 병석에 누워
- 082 병들어 일 년
- 084 꽃향기가 날아와
- 086 병든 후에
- 087 봄을 보내며
- 089 낙화
- 090 나는 유마의 화신

욕심 없는 삶 　　　　　　　　　　詩

- 093 　개구리 울음소리
- 101 　침묵 예찬
- 103 　나는 못난이
- 104 　뜻이 족하면 그만이지
- 105 　무덤 속은 봄처럼 따사로우리
- 106 　팥죽 한 그릇
- 107 　봄날의 여유
- 108 　계양 가는 길에
- 109 　섣달 그믐날 밤에
- 110 　시골집
- 112 　시골로 돌아와 1
- 113 　시골로 돌아와 2
- 114 　농부의 일
- 115 　기암자에게
- 118 　욕심을 버리고
- 120 　최명길에게

자연을 따르는 지혜

- 125 자연의 솜씨
- 129 있으면서 없는 것
- 131 삶과 죽음은 하나다
- 135 붓 이야기
- 137 대숲에 부는 바람
- 141 살매기의 시혜
- 144 굽은 나무와 굽은 선비
- 147 나의 문집에 대하여
- 149 어르신의 장수 비결
- 152 마음의 빛
- 155 빙호 선생 이야기

벼슬아치의 처신

161 큰 의리와 작은 의리
166 푸른 눈 흰 눈
168 남해의 섬으로 유배 간 홍면숙에게
172 병든 고을을 다스리는 법
177 지방관이 되어 떠나는 오숙우(吳肅羽)를 전송하며
181 땅은 사람 때문에 유명해진다
183 재주 있는 사람은 널리 쓰인다
188 관서로 부임해 가는 내 동생 현국에게
192 봄비 같은 정치

붓 가는 대로 쓴 글

- 197 『계곡만필』 머리말
- 199 비둘기와 콩새
- 200 우리나라의 경직된 학풍
- 202 옛사람이 글에 쏟은 정성
- 203 즐거움을 밖에서 찾지 마라
- 204 이름 씨워 넣기
- 205 문장의 기본 원리
- 206 담배의 효능
- 208 담배 예찬
- 209 옛 관리의 집안 단속
- 210 좋은 시란
- 212 즐거운 요상함
- 214 말보다 글
- 215 갓난아이, 담쟁이, 그림자, 도둑놈, 짐승
- 216 정의와 욕심
- 217 글 쓰는 사람의 자존심
- 219 글을 볼 줄 아는 사람
- 220 늦깎이 공부
- 221 시를 지을 때 다섯 가지 유의할 점
- 222 여름벌레가 얼음을 알랴
- 223 아름다운 부인과 못생긴 부인
- 224 자기 안의 신

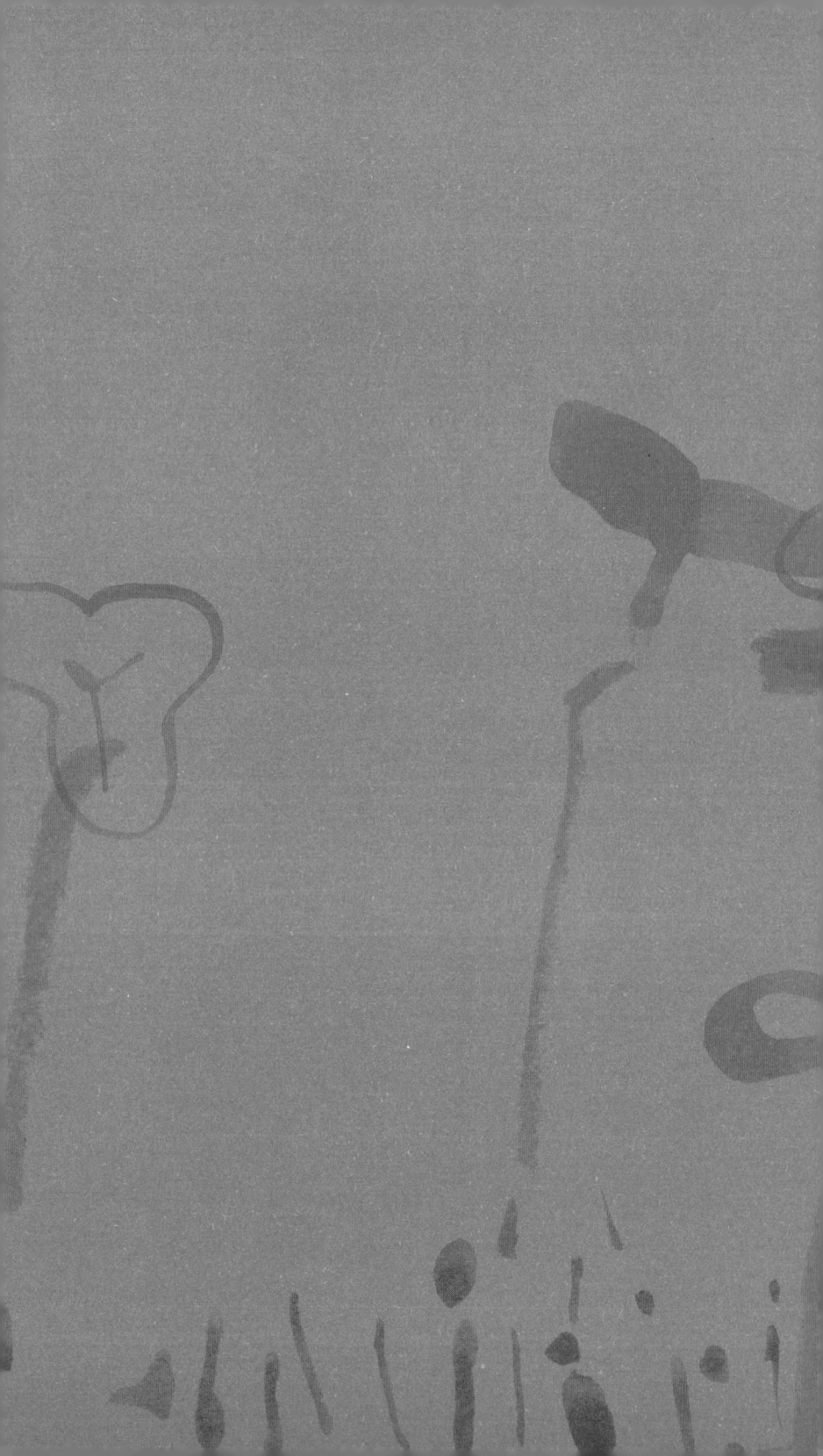

장유 선집 — 개구리 울음소리

그리운 얼굴

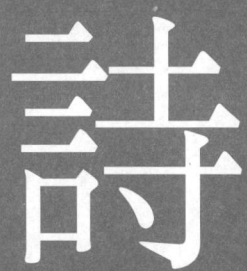

아이들의 죽음을 슬퍼하다

내 나이 서른이 못 되어서
인생의 슬픔에 익숙해졌지만
세상에 어찌 이런 일이 있나
이십일 만에 네 아이를 잃다니!
큰딸은 아홉 살
막내딸은 돌배기.
둘째 딸은 일곱 살
똑똑해서 모르는 게 없었지.
아철이는 가장 잊혀지질 않아
어여뻐라 생기기도 잘생겼었네.
책장을 어지럽혀 혼내기도 하고
대추 곶감 달래서 애도 먹었지.
살았을 적 재롱 피우던 모습
가슴에 남아 잊을 수가 없구나.
손 안의 구슬 네 개
하루아침에 빼앗겼네.
곱고 예쁘던 어린 꽃술

비바람에 다 지고 빈 가지만 남았어라.
생각 말자 애써 참아 보아도
자꾸만 생각나 견딜 수가 없구나.
상여에 실어다 빈산에 묻고 나니
나란히 늘어선 네 개의 아이 무덤.
푸른 하늘 향해 통곡할 제
떠가는 구름도 날 위해 더디 가네.
잘못이 많으면 나쁜 일이 생기는 법
원망하고 탓한들 어쩔 수 있나.
자식의 죽음을 슬퍼 않았던 동문오(東門吳)를 생각하니
정에 매인 마음 도리어 부끄러워지네.

—

吾生未三十, 慣經人世悲. 天下寧有是, 二旬哭四兒. 長女已九歲, 季女纔周期.
次女適七歲, 秀惠無不知. 阿鐵最難忘, 憐爾毛骨奇. 時嗔亂書帙, 每苦索棗梨.
平生眼前事, 耿耿留心脾. 掌中四顆珠, 一朝人奪之. 嫩蕊正姸好, 風雨餘空枝.
棄置强寬抑, 念來難自持. 舁尸瘞空山, 四塚相纍纍. 慟哭向蒼天, 浮雲爲我遲.
積惡召殃孼, 怨尤將何追. 緬懷東門吳, 情累還忸怩.

이십일 만에 네 아이를 잃은 슬픔은 이루 형언하기 어려울 것이다. 구슬에서 꽃술, 꽃술에서 무덤으로 이어지며 하강하는 이미지에서 처연한 감정의 요동을 읽을 수 있다. '동문오'라는 인물은 중국 춘추 시대 위(魏)나라 사람으로, 그는 아들이 죽었는데도 전혀 슬픈 기색을 보이지 않았다고 한다. 집사가 그 까닭을 묻자 동문오는 자식이 죽어 자식이 없던 때와 같아졌을 뿐이므로 슬퍼할 이유가 없다고 말했다고 한다.

집에 돌아오니

집에 돌아오니 벌써 국화 피는 계절
오래 떠도느라 세월 가는 줄 몰랐구나.
이제 막 말문 틔운 외손녀
어여쁜 모습에 근심 걱정 사라지네.

還家已是菊花秋, 久客偏驚歲月遒. 玉潤女兒初學語, 眼前嬌妊足忘憂.

장유는 지방관으로 부임하거나, 정치적인 사건에 연루되어 고향에서 은거하는 등 젊은 시절부터 서울을 떠나 있는 일이 잦았다. 이 시는 객지를 떠돌다가 집으로 돌아온 어느 날의 감상을 읊은 것으로, 외손녀의 성장에서 그가 집을 떠나 있던 시간의 길이를 가늠해 볼 수 있다.

딸이 죽은 지 일 년 되는 날에

1

잔설 희끗하게 얼어붙은 얕은 땅속
너의 몸은 아직도 잘 있느냐?
지난해 이날 흐르던 눈물
말라붙어 다시 흐르지 않는구나.

殘雪淺土凍, 汝骸猶在不. 前年此日淚, 落盡更難流.

2

눈처럼 하얗게 변한 머리털
재처럼 싸늘하게 식은 마음.
이토록 쇠하지는 않았으련만
슬픔 때문에 이 모양이 되었나 보다.

一

鬢髮渾成雪, 心情冷若灰. 不應衰至此, 多是爲悲哀.

장유의 시 중에는 자녀를 잃은 슬픔을 읊은 것들이 드문드문 보인다. 딸을 잃은 슬픔으로 몸이 쇠하고 마음이 차갑게 식은 아버지의 모습이 참으로 처연하다.

나그네 마음

높은 가을 하늘 끝으로 생각은 아득하고
서쪽 바람 맞으며 기러기는 날아가네.
단풍나무 한 그루가 노을빛에 물들고
숲 가득 노오란 잎새 무서리에 지는구나.
나그네 큰 시름 잠들어야 겨우 잊고
이루지 못한 뜻 크게만 품었던 걸 후회하네.
서울에 있는 벗들은 내 생각을 할까
젊은 나이에 많이 앓아 머리가 듬성하네.

高秋極目思茫茫, 强遡西風數雁行. 一樹丹楓明晚日, 滿林黃葉隕輕霜. 羈愁浩蕩惟堪睡, 壯志蹉跎轉悔狂. 京洛故人相憶否, 少年多病鬢毛蒼.

이 가을은 풍성한 수확의 가을이 아니라 모든 것이 떠나가고 사라지는 가을이다. 무서리, 곧 무른 서리에 노란 낙엽이 진다는 시구에서 가을도 한참 깊었음을 짐작할 수 있다. 그러한 가을 풍경과 시인의 쓸쓸한 처지가 서글프게 어울린다. 벗들도 내 생각을 할까 싶은 마음이 애절하다.

9월 9일에

객지에서 맞는 중양절(重陽節)
먼 곳에 있으니 계절도 빠르네.
고향 집 울타리 밑의 국화
오늘은 몇 떨기나 피었을까.
잔바람에 부질없이 모자를 여며 보지만
막걸리 잔 권할 이 누가 있으리.
산수유 주머니는 생각할 것도 없고
그저 고향이나 바라보고 싶구나.

客裏逢重九, 天涯節序催. 故園籬下菊, 今日幾叢開. 漫整霜風帽, 誰拈濁酒盃. 茱囊總無興, 欲上望鄕臺.

'중양절'은 9월 9일인데, 양(陽)의 수인 9가 둘이어서 이런 이름이 붙었다. 이날에는 산수유 열매를 담은 붉은 주머니를 차고 높은 산에 올라가 나쁜 기운을 없애는 풍속이 있었다. 그러나 시인은 그런 풍속을 즐길 마음도 나지 않는다. 명절이면 가족이 있는 고향이 더욱 그리운 마음 때문일 것이다.

친구가 생강을 보내 주어

생강은 약 중의 보배
약효가 정말 좋다네.
알싸한 맛은 단단한 쇠의 성질 품었고
따뜻한 기운은 양기를 머금었네.
물에 담가 말리는 신기한 생강은
중풍을 낫게 하고 위장을 편케 하네.
책에서 어찌 틀린 말을 했겠나
신농씨(神農氏)가 먹어 보며 쓴 책인데.
친구가 내 병을 염려하여
외딴 시골까지 멀리도 보내왔네.
한 번 먹으니 아픈 허리도 거뜬해져
남의 부축 안 받아도 되겠구나.
쓰디쓴 약을 내 어찌 마다하랴
좋은 교훈 삼가 마음에 품으리.

薑兮藥之珍, 功用一何長. 味辣稟剛金, 氣煖含眞陽. 乾釀有妙理, 愈風安胃腸.

圖經豈妄云, 炎帝親所嘗. 故人憐我病, 遠寄到窮鄉. 一餌腰脚健, 不煩人扶將. 瞑眩豈敢厭, 敬服箴規良.

벗 최명길(崔鳴吉, 1586~1647)이 마른 생강을 부치며 보낸 시에 답한 시이다. 사소한 일상의 경험을 경쾌하게 풀어썼다. 생강의 알싸한 맛이 쇠의 성질을 품었다는 건 오행(五行)으로 볼 때 매운맛이 '금'(金)에 속하기에 한 말이다. 생강을 말리는 방법과 생강의 약효에 대해 쓴 책은 『신농본초』라는 것인데, 신농씨(神農氏)가 온갖 초목을 직접 맛보고 얻은 지식을 후대 사람이 책으로 엮었다고 한다.

벗들에게

벗은 학문으로 만나고
마음은 시로 표현해야지.
세 가지 도움을 주는 나의 벗들
함께들 왔네.
같은 하늘 같은 땅 사이에 살면서도
늘 떨어져 있어 만나기가 힘들구먼.
시를 평하다 껄껄껄 웃기도 하고
바둑 두느라 배고픈 줄도 몰랐지.
서로 쳐다보니 모두들 늙었기에
옛 일 더듬으며 문득 슬퍼졌다오.
분위기 절로 나는 소슬한 이 계절
다시 만날 때까지 몸들 소중히 하오.

會友當以文, 言志當以詩. 知音有三益, 翼然同來思. 却歎穹壤內, 睽合常多離. 評詩乍解頤, 鬪棋仍忘飢. 相看各老大, 撫迹翻傷悲. 蕭辰可乘興, 珍重望前期.

노년의 돈독한 우정이 느껴지는 따뜻하고도 애잔한 시이다. 이날 만난 세 명의 벗은 선조의 부마(駙馬) 신익성(申翊聖, 1588~1644)과 박미(朴瀰, 1592~1645) 그리고 장유의 스승 김장생의 손자 김익희(金益熙, 1610~1656)이다. '벗은 학문으로 만나고, 마음은 시로 표현해야지'라는 두 구절은 각기 『논어』와 『서경』에서 따온 말인데, 깊이 음미해 볼 만하다. 시에서 말한 '세 가지 도움을 주는' 친구란 정직한 친구와 성실한 친구 그리고 견문이 많은 친구를 말한다.

돌아가신 김상관 어른을 슬퍼하며

1

갑자기 이리 되실 줄 생각도 못했어요
막다른 길목에서 저세상으로 가셨다구요.
지난 삼 년 모진 고통 인고 사시디니
끝내 구슬 눈물 흘리는 꿈 꾸셨군요.
몹시도 가난해 안타까운 형편에도
술잔 권하던 일 친구분들은 기억하더이다.
하염없이 흐르던 어머니 눈물
무덤 속까지 흐를 테지요.

不謂遽如許, 窮途鬼伯催. 三年抱茶毒, 一夢泣瓊瑰. 舊業憐懸磬, 親朋憶把杯.
倚閭無限淚, 應復徹泉臺.

2

내가 전에 희귀한 병 걸렸을 땐
집까지 찾아와 문안해 주셨지요.
떠도는 딱한 신세 서로 위로하며
고달픈 생애 거듭 탄식하였는데
이렇게 온갖 풍파 겪은 뒤에
외로운 인생 이슬처럼 가시다니
한번 찾아뵙겠노라 약속했건만
삶은 채소 다시는 함께 먹지 못하겠네요.

我昔纏奇疾, 公來問弊廬. 飄零相籍在, 契闊重歔欷. 萬事風波後, 孤生露電虛.
柴門他日約, 不復煮秋蔬.

고단한 삶을 살다가 저세상으로 떠난 김상관의 죽음을 슬퍼하는 시이다. 김상관(金尙寬)은 장유의 장인 김상용(金尙容, 1561~1637)의 맏형이다. '삶은 채소 다시는 함께 먹지 못하겠네요'라는 시구에서 두 사람 사이의 소박했던 정(情)을 읽을 수 있다.

정 털보와의 작별

정(鄭) 털보 그대는 진정한 나의 친구
글솜씨가 신들린 듯 기막히네.
새로 쓴 글의 딱 떨어지는 솜씨
수천 자루 붓을 혼자 짊어졌구나.
내리는 눈 속에 술잔 나누며
먼 길 작별하는 새벽.
기나긴 인생길 자신을 아껴
세상에 물들지 않아야 하리.

髥鄭眞吾友, 文章若有神. 新穿楊一葉, 獨負筆千鈞. 雪裏銜杯地, 天涯解袂晨. 長途自愛惜, 莫遣染緇塵.

장유와 함께 이항복의 문인이었던 정두경(鄭斗卿, 1597~1673)과 작별할 때 쓴 시이다. 정두경은 시문과 서예로 유명했거니와, 이 시에도 그러한 정두경의 재능에 대한 애정 어린 칭찬과 격려가 보인다.

원님으로 가는 김상복에게

좋은 시절일수록 착한 원님이 필요하기에
이름난 곳 두루 거치며 벼슬살이했지.
대구의 벼슬에서 잠시 물러났다가
곧바로 상주 벼슬 임명받았네.
옛적 순후한 풍속 지니고 있는 백성들
장공(長公)과 같이 잘 다스린 이는 여태 없었네.
그대를 보내며 가장 마음에 걸리는 건
가을바람 기러기 그림자같이 외로운 모습.

―

明時重循吏, 宦蹟遍名都. 乍解達城印, 仍分商嶺符. 民應舊俗在, 政似長公無. 最是關情處, 秋風雁影孤.

상주목사(尙州牧使)로 부임하는 김상복(金尙宓, ?~1652)을 전송하며 쓴 시이다. 김상복은 장유의 장인 김상용의 아우로, 강직하고 꼼꼼한 지방관으로 이름이 높았던 인물이다. 시 가운데 '장공'(長公)은 한(漢)나라 사람으로, 백성을 잘 다스리기로 이름났던 한연수(韓延壽)를 가리킨다. 장유는 김상복이 상주를 거쳐 간 여느 관리보다 백성을 잘 다스려 장공과 같은 명성을 얻기를 기원하고 있다.

보내온 석류에 감사하며

귤만 높게 치고 석류는 홀대하는
이상한 평가가 늘 맘에 들지 않았소.
향기로 치자면 조금쯤 모자란대도
맛으로 치자면 둘이 거의 비슷한데 말이오.
게다가 화려한 석류꽃 하며
붉게 익은 껍질이 어여쁘다오.
먼 곳에서 편지를 따라온 진귀한 선물
한 알 깨물자 갈증 모두 풀려버렸소.

重橘輕榴實, 常嫌論木公. 鬪香雖或遜, 言味略相同. 況有穠葩艶, 兼憐老殼紅. 珍苞隨遠信, 一嚼解消中.

석류를 보내 준 이는 장유와 같은 해에 과거에 합격한 벗 나응서(羅應瑞, 1584~1638)이다. 옛날에는 서신과 함께 간단한 선물을 주고받는 일이 흔하였는데, 장유는 이 시에서 석류를 받은 기쁨을 흥겹게 노래하고 있다.

시험에 떨어진 이에게

책 보따리 달랑 들고 어버이 곁을 떠나
오랜 타향살이 끝에 실의에 잠겨 돌아가네.
과거에 급제해야 오늘의 상처 아물 텐데
고생한 보람은 몇 년 후나 있을 테지.
시름겨운 바닷가엔 둥글게 달이 뜨고
강물 위 뜬구름은 조각조각 날아가네.
눈물도 말랐을 쓸쓸한 아내를 생각하면
무슨 마음으로 그녀를 더 기다리게 하리.

―

獨携書笈別親闈, 久客偏憐眹瞭歸. 攀桂可堪今日恨, 敦瓜嬴得隔年違. 愁邊海月團團影, 望裏江雲片片飛. 却想秋閨粧淚盡, 何心更斷錦文機.

―

과거에 낙방하여 황해도에 있는 처가(妻家)로 돌아가는 장희직을 전송한 시이다. 희직은 요즘으로 치자면 타향에서 오랫동안 고시 공부를 하다가 실패하여 고향으로 돌아가는 사람쯤 된다. 가까운 사람이 그런 처지라면 그 가족의 마음까지 헤아리지 않을 수 없다. 희직과 그의 아내에 대한 연민과 걱정이 착잡한 시이다.

돌아서면 그리워

막역한 우리 우정은 한 잔의 진한 술
천진난만한 마음이 어찌나 어여쁜지.
술자리 끝날 때면 참 떠나기 싫고
헤어지면 자꾸만 소식 듣고 싶소.
불교와 도교의 학문은 외려 내가 좋아하는 것
날뛰며 남 아랑곳 않고 소리친다오.
꽃 필 때 좋은 날 한번 잡아서
시 읊고 바둑 두며 어울렸으면.

―

莫逆交情似飮醇, 可憐心事各天眞. 樽前分袂曾嫌促, 別後傳筒不厭頻. 寂寞玄經翻自誤, 猖狂白眼任他嗔. 佳期好趁花開日, 詩草棊枰共爾親.

벗 박미(朴瀰, 1592~1645)에게 부친 시이다. 박미는 이항복(李恒福)의 문인으로 글과 서예에 뛰어났고, 선조의 다섯째 딸인 정안 옹주(貞安翁主)와 혼인하여 금양위(錦陽尉)에 봉하여진 인물이다. 이 시에는 벗에 대한 우정과 그리움이 그야말로 천진난만하게 드러나 있다. 한편 '불교와 도교의 학문은~소리친다오'라는 구절은 다양한 학문에 대한 장유의 적극적인 관심과 열의를 잘 보여준다.

정홍명과 이명한에게

병석에 있다 보니 즐거움도 줄고
시름 속에 한 해도 다 가고.
이런 만남 백 년에 한 번 있을까
그대 같은 벗들이 어디 있겠나.
술은 이웃에서 얻어 오지만
시 짓는 일이야 우리가 잘하지.
그대들 가자 어찌나 허전한지
우두커니 등불만 바라보았소.

―

病裏歡情減, 愁邊歲律窮. 百年難此會, 何處得諸公. 酒待隣家送, 詩還我輩工. 那堪客散後, 獨對一燈紅.

송강 정철의 아들 정홍명(鄭弘溟, 1592~1650)은 장유의 가장 절친한 벗이었으며, 이명한(李明漢, 1595~1646) 역시 장유와 교분이 매우 깊었던 벗이다. 세 친구는 오랜만에 만나 술도 마시고 시도 지으며 즐거운 시간을 보냈던 것 같다. 친구들이 돌아간 뒤 지은 이 시에는 병중의 장유를 찾아온 두 친구에 대한 고마움과 그들이 떠난 뒤의 허전함이 나타나 있다.

돌아갈 기약

언제나 생각나는 바닷가 조용한 집
한번 도회로 나와서는 돌아가지 못하네.
오래 못 본 친지들 늘 꿈에 나타나고
병들고 허약해져 시 짓기도 귀찮아라.
비 내린 쌀쌀한 봄 마음은 쓸쓸하고
꽃 시절 풍경이 눈앞에 가득하네.
청명과 한식은 근심스레 보냈으니
작약꽃 필 때쯤엔 돌아갈 수 있으리.

―

海上幽居我所思, 一來城市得歸遲. 交親久闊長勞夢, 羸病相侵懶賦詩. 雨後春寒因悄悄, 眼中花事正垂垂. 淸明寒食愁邊過, 紅藥開時不負期.

장유는 고향에서 은둔할 때 장희직과 서로 오가며 지냈다. 이 시는 돌아온다는 약속을 지키라는 장희직의 바람과 원망에 장유가 답한 시이다. 작약은 5~6월에 붉은색과 흰색의 꽃을 피우는데, 약속대로라면 장유는 봄이 다 가기 전에 고향 집으로 돌아갔을 것이다.

나그네의 모습

한밤에 부는 세찬 겨울바람
산마루엔 하얗게 빛나는 잔설(殘雪).
외진 시골 길 인가는 멀기만 한데
들판에 놓인 다리 위엔 호랑이 발자국.
칼 한 자루 달랑 찬 초라한 행색
세월은 흘러흘러 반평생이 지났구나.
겨울옷은 언제쯤 도착하려는지
멀리 늙은 아내 마음 생각해 보네.

――

一夜北風急, 山椒殘雪明. 人煙村逈僻, 虎跡野橋橫. 行色看孤劍, 流年送半生. 寒衣未寄到, 遙想老妻情.

밤길을 걷는 나그네와 눈 위의 호랑이 발자국은 흥미로운 동화의 복선 같아 재미있다. 마지막 구절에는 장유의 시에서는 보기 드물게 아내에 대한 마음이 드러나 있어 눈길을 끈다.

그리운 고향

장맛비 내리다 잠시 갠 날
바짝 마른 날보다 더 좋구나.
서쪽에서 불어오는 거센 바람
뜰 안의 나뭇가지를 흔들어 놓네.
머리 빗고 거문고 타며
한 곡조 뽑으니 심신이 편안하네.
그리워라 고향 땅의 흥취
쌀밥에 매운탕 끓여 먹던 일.

―

久雨乍晴好, 勝似不雨時. 長風從西來, 吹我庭樹枝. 整髮據槁梧, 嘯詠心神舒.
懷哉故園興, 飯稻仍羹魚.

마음이 허전하고 괴로울 때도 고향 생각이 나지만, 마음이 푸근하고 흥이 날 때도 고향 생각이 난다. 고향의 흥취를 떠올린 마지막 부분의 심상은 앞부분과 다소 이질적이다. '쌀밥에 매운탕'이라는 이미지가 친근하면서도 강렬하다.

시냇물 소리

냇물은 쉴 새 없이 흘러가는데
나그네는 언제쯤 고향에 갈까.
외로운 베갯머리 어떻게 견디나
밤마다 냇물은 졸졸졸 흐르네.

溪水流不盡, 客行何日還. 那堪孤枕上, 夜夜聽潺湲.

쉴 새 없이 흐르는 냇물은 정처 없는 나그네와 같다. 냇물 소리는 나그네에게 객지(客地)의 소리이기도 하지만 나지막한 자장가이기도 할 터이다. 밤마다 냇물이 흐르니 아직은 고향에 돌아갈 날이 멀었나 보다.

흐르는 사계(四季)

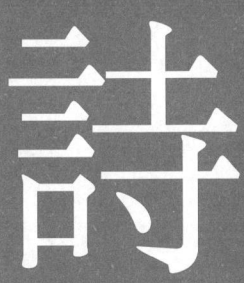

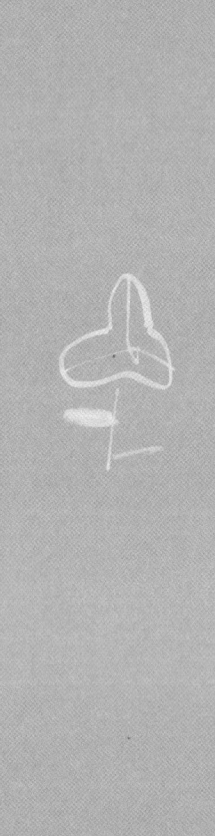

봄날에 젖어

남촌이나 북촌이나 흐드러진 봄기운
필 듯 말 듯 꽃봉오리는 곱기도 하지.
어디 넉넉한 집에서 술 좀 받아 와
꽃그늘 속에 취해 잠들어 볼까나.

―

南村北村春爛慢, 欲開未開花可憐. 誰家有酒剩沽取, 日向花間長醉眠.

장유는 병약하긴 했지만 술을 즐기는 편이었다. 한 폭의 수채와 같은 풍경과 어우러진 사람의 모습이 우리의 감각을 부드럽게 자극한다. 봄날의 노곤하고 낭만적인 풍류가 흥겹다.

약초밭에 봄비

비 온 뒤 봄기운에 언 땅이 녹자
작은 밭두둑엔 파란 싹 총총.
대번에 보통 풀 아닌 걸 알겠네
훗날 병 나수어 놀라운 공 이루리.

―

一雨乘春土脈融, 小畦條甲翠成叢. 閑看不比庭前草, 康濟他時有妙功.

장유가 스승 사계 김장생(沙溪 金長生, 1548~1631)의 행적과 그의 집 양성당(養性堂)에 대해 노래한 열 수의 시 가운데 하나이다. 온갖 식물의 새싹이 돋는 봄이지만 언제나 병약했던 장유에게 약초의 새싹이 자라는 모습은 각별한 느낌이었을 것이다.

봄, 길 위에서

흉년에도 어김없이 봄은 찾아와
가는 길마다 고운 경치 펼쳐 놓았네.
푸른 보리밭 속에선 장끼가 꺽꺽
활짝 핀 꽃 너머론 아지랑이 아른아른.
제법 내린 비에 도랑물은 콸콸
언덕 위 나무에는 안개가 자욱.
내가 정말 좋아하는 일
말 타고 새 시를 쓴다네.

荒歲猶春色, 征途麗景遲. 麥深藏雉雉, 花暖惹遊絲. 雨足村渠滿, 煙生隴樹滋.
平生適意事, 馬上得新詩.

안양으로 가는 길에 쓴 시이다. 보리밭·꽃·아지랑이·도랑물·안개 등의 소재가 봄의 정취를 물씬 풍기거니와 '내가 정말 좋아하는 일, 말 타고 새 시를 쓴다네'라는 마지막 구절에서 엉덩이가 들썩이는 흥이 느껴진다.

노들나루

나루터엔 온통 무성하게 자란 봄풀
비바람 가득한 강엔 외로운 배 한 척.
모래톱의 백조는 어찌 저리 한가한가
하얀 물결 길게 그리며 유유히 떠가네.

春草茸茸遍渡頭, 滿江風雨一孤舟. 沙邊白鳥閑如許, 長占煙波自在浮.

'노들나루'는 지금의 노량진 일대이다. 비바람이 치는 강에 떠 있는 외로운 배와 한가히 떠가는 백조의 모습이 사뭇 대조적이다. 어쩌면 장유는 쓸쓸한 풍경 속에서도 홀로 유유자적하는 백조의 모습이 좋아 보였는지도 모르겠다.

궂은비가 자꾸 내리면

지겹고
지겹다
열흘 내내
구질구질 내리는 비
음산하게 뒤덮은 비구름
사납게 부르짖는 비바람
돌은 제비처럼 날아다니고
상양은 어지러이 춤을 춘다
밝은 해도 그 빛을 감췄으니
푸른 하늘을 어떻게 보겠는가
안타까워라 봄날이 반 너머 가도록
맑고 좋은 날을 한 번도 보지 못하니
작은 풀과 어린 싹은 진흙 범벅이 되고
버들잎 복사꽃 입 다물고 피질 않는구나
보리는 언덕바지에 엎어져 문드러져 죽고
미친 파도는 포구를 넘나들며 마구 흐른다
부서진 집 빗물 가득한 침상에서 누워 자고

장작이 젖어 아침 짓는 연기 자욱한 건 괜찮지만
봄 장마 여름 가뭄이 다시 작년 같을까 걱정이네
위 전답 아래 전답 불타고 소금밭 되면 어찌할까나

苦, 苦, 一旬, 陰雨, 雲晻曃, 風號怒, 石燕交飛, 商羊亂舞, 白日隱光曜, 青天那得睹, 可憐一春强半, 未逢晴景媚嫵, 細草纖芽亂泥塗, 嫩柳夭桃噤不吐, 爛死兮宿麥委陵陂, 橫流兮狂瀾漲江浦, 不恨破屋夜臥漏滿牀, 從他濕薪朝炊煙塞戶, 只恐春潦夏旱更似去年, 無奈高田焦土低田潟鹵.

한 자에서 시작하여 열 자로 끝나는 원문의 시각적 효과가 인상적이다. 음울한 비가 민생(民生)을 내리누르는 광경이다. 시 가운데 '상양'(商羊)은 큰 비가 올 무렵이면 한쪽 다리를 구부리고 춤을 춘다는 전설상의 새이다.

모란꽃

즐거운 맘 사라진 병든 몸이언만
아름다운 꽃 두 눈에 확 들어오네.
누추한 집 마다 않고
늦봄을 가득 채우누나.
햇살에 꽃잎은 서책에 향긋하고
하늘 향기는 술잔 속에 스몄더니
문득 슬픈 오늘 아침
비바람에 반이나 져버렸네.

衰疾歡情謝, 名花照眼奇. 何嫌衡宇裏, 獨占艷陽時. 日萼薰書帙, 天香入酒卮.
今朝忽惆悵, 風雨半離披.

모란은 5월경에 붉은색의 큰 꽃을 피우는데, 이날 아침 비바람에 꽃이 반이나 져 버렸다
고 하는 걸 보니 때는 초여름 무렵인 듯하다. 시 가운데 '하늘 향기'란 모란의 향을 말한다.

산협에 노닐며

신록(新綠) 무성한 초여름 날
바삐 짐 꾸려 산골에 드니
산수(山水)는 오래도록 보고 싶고
푸른 단풍은 깊은 골 가득하여라.
송화(松花) 싹 창출(蒼朮) 싹으로 요기하면서
그윽하고 신비로운 절집 찾아다니면
내 있는 곳 아는 사람 없을 터이니
안기생(安期生) 찾아 동해(東海)로나 들어가 볼까.

滔滔孟夏草木長, 促裝策馬遊峽中. 峽中山水可淹留, 巖洞窈窕多靑楓. 松花療飢朮苗肥, 琳宮紺宇探幽奇. 從此無人識我處, 東將入海尋安期.

초여름 어느 날의 산골 풍광과 그 풍광에 젖어 드는 시인의 모습을 보여 주는 시이다. 시 가운데 '송화'(松花)는 소나무 꽃가루이며, '창출'(蒼朮)은 뿌리를 약재로 쓰는 국화과의 풀인데, 새로 난 잎을 식용한다. '안기생'(安期生)은 진시황이 동쪽 지방을 유람하다 만났던 선인(仙人)으로, 마지막 구에서 장유는 초여름의 풍광에 흠뻑 빠져 들어 자신도 신선이 되고자 하는 소망을 드러내고 있다.

포도

객지에서 영글어 가는 포도송이
남쪽이라 아직 서리 맞기 전일세.
종자는 본래 대하(大夏)에서 왔는데
포도주 만들면 정말 일품이지.
알알이 구슬처럼 영롱하고
톡톡톡 이슬처럼 향기롭네.
시렁 가득하던 고향의 포도
그 맛을 어찌 잊을 수 있으리.

―

客裏葡萄熟, 南州未見霜. 種應來大夏, 品不數西涼. 顆顆摩尼瑩, 津津瑞露香. 故園栽滿架, 風味更難忘.

포도의 종자가 대하(大夏)에서 왔다는 것은 한(漢)나라의 장건(張騫)이 서역(西域)의 대하국(大夏國)에서 포도 씨를 가지고 돌아온 사실을 가리킨다. 포도의 싱그러움과 고향에 대한 그리움이 묘하게 어울린다.

고기잡이 구경

새벽녘 남쪽 개울에선 고기잡이가 한창
닫았던 물길 여니 물고기 떼 팔딱팔딱.
하얗고 작은 고기들은 큰 낭패 만났는데
작살과 그물로 떠들썩하게 잡는구나.
붙잡혀 팔딱이는 게 불쌍하건만
부드런 뱃살 맛보라고 회를 떠 주네.
한번 배불리 먹는 것도 운이 좋아야지
타향살이 오래라도 이런 즐거움 있다면야.

―

晨往南溪觀打魚, 決開積水群鱗枯. 銀刀玉尺大狼狽, 長叉巨網爭喧呼. 漁子效獲憐呴沫, 庖人斫鱠供腹腴. 人生一飽眞有數, 久客不妨留歡娛.

―――

시인은 고기잡이의 떠들썩한 활기에 동화되어 순간이나마 타향살이의 고달픔을 잊고 즐거워하는 모습이다. 그 가운데 물고기를 측은히 여기는 마음이 살짝 드러나 있어 눈길이 간다.

맨드라미

빨강색 자주색 한데 모여 유독 선명한 꽃
태연히 닭 벼슬을 닮아서 그런 이름이 붙었지.
밤에 책을 읽으면 창 앞에서 말귀 알아듣고
새벽에 객점 지나면 꼬끼오 하고 우네.
빠알간 봉숭아와는 사이기 좋온데
시퍼런 쇠비름과는 한판 붙게 생겼네.
진짜야 가짜야 지금도 혼동이 되어
가을 뜰에서 내 눈만 바보 되었네.

凝丹疊紫獨分明, 形似居然强得名. 夜向書窓如解語, 曉過茅店若聞聲. 鳳仙灼灼堪同進, 馬齒靑靑漫欲爭. 眞假至今都不較, 小畦秋日弄微晴.

맨드라미의 다른 이름은 '계관화'(鷄冠花)인데, 이를 우리말로 풀면 '닭벼슬꽃'이다. 맨드라미를 의인화하여 재치 있게 써 나간 품이 동시(童詩) 같은 느낌을 준다.

인생

높은 가지 끝에 먼저 온 가을
해 지면 서늘한 바람 더욱 불어오지.
가을 매미는 버마재비 앞발에 걸려들고
흰 나비는 거미줄에 붙잡혀 퍼덕이네.
이리저리 떠도는 고달픈 인생
고개 떨구고 생각하니 만감이 교차하네.
홀로 은자(隱者)의 팔걸이에 기대앉아
부질없이 북풍시(北風詩)를 읊조리니
태평성대를 만나지 못한 것이 서럽고
나쁜 길로 빠지는 사람들 보기가 슬프구나.
팍팍하기만 한 이 세상
신선이나 찾아가고픈 마음.

高樹秋先到, 涼飆晚轉吹, 玄蟬惹蟷斧, 粉蝶觸蛛絲. 漂泊浮生困, 低回萬感滋.
獨憑南郭几, 空詠北風詩. 甯子悲山石, 楊生泣路岐. 人寰眞迫隘, 吾欲訪安期.

흔히 가을을 서글픈 계절이라고 하는 것처럼, 이 시에서도 시인 자신과 세상에 대한 비관이 가을의 이미지와 연결되고 있다. 시 가운데 '북풍시'(北風詩)는 임금이 포악하여 종친들을 가까이 사귀지 못한다는 내용을 담고 있는 『시경』(詩經)의 시인데, 여기에서 북풍시를 언급한 것은 광해군의 폭성을 염두에 둔 것이 아닌가 한다.

바닷가 마을 풍경

이것저것 풍성한 시골집
가을 분위기 물씬하네.
가까운 이웃 모여 마을마다 술자리
밭 태우는 곳마다 여기저기 흰 연기.
시리 맞은 오이 덩굴 비스듬히 쓰러지고
빗물 머금은 국화 가지 한쪽으로 처졌네.
고목나무에 매미 소리 잠잠해지고
차가운 하늘엔 기러기 그림자 걸렸어라.
어부들은 밀물과 썰물 살피고
장사치들은 공터에서 떠들썩하네.
해안에선 많이들 소금을 만드는데
긴 제방 덕에 염전 일구기가 좋다네.
가난한 마을은 세금 독촉에 시달리고
멀리 변방에선 북소리 이어지는데
현미밥도 달게 먹는 시골 늙은이
초가집에 편히 누워 낮잠을 즐기네.

田家饒物色, 秋興自悠然. 逼社村村酒, 燒畲處處煙. 迎霜瓜蔓倒, 帶雨菊枝偏. 古樹蟬聲歇, 寒空雁影懸. 漁人候潮落, 估客趁虛前. 近海多鹽戶, 長堤護圍田. 窮閭井稅急, 絕塞鼓鞞連. 野老甘疏糲, 筇齋穩晝眠.

이 시는 가운데를 전후한 작품의 분위기가 퍽 이질적이다. 전반부에서는 풍성한 시골의 가을이 그려지고 있는 반면, 후반부에서는 백성들의 생활고와 고단한 삶이 그려지고 있다. 백성들은 세금 독촉에 시달리고, 변방에는 전쟁 기운이 감도는데 시인은 편히 낮잠을 즐긴다는 것이 이상하다. 근심이 가득한 가운데 즐기는 불안하고 짧은 평화일는지도 모르겠다.

가을 풍경 1

기러기 떼 점점이 가을 하늘을 지나고
저녁 바람 살랑살랑 성긴 울타리를 스치네.
세밑이라 정원에는 나뭇잎 모두 져
새 깃들일 울창한 나무가 없네.

―

獨看征雁點秋空, 策策疏籬響晩風. 歲暮園林搖落盡, 宿禽無處託深叢.

잎이 모두 지고 앙상해진 나무를 보는 시인의 마음이 퍽 허전했나 보다. 새들만 깃들일 나무를 잃은 것이 아니라 시인의 마음도 편안히 깃들일 곳을 잃은 것처럼 보인다. '정중동'(靜中動)의 쓸쓸한 풍경화 같은 시이다.

가을 풍경 2

물가에 가을 깊고 풀이 시드니
물처럼 흐르는 세월 슬픔이 절로 솟네.
하늘가 저 멀리 외기러기 그림자
황량한 언덕에 홀로 서서 눈으로 작별하네.

―

澤國深秋百草衰, 流年荏苒自生悲. 孤鴻遠映天邊去, 獨立荒陂目送時.

물가는 습하고 바람이 많아 날이 차가워지기 시작하면 풍경이 더욱 쓸쓸하다. 하늘의 외기러기를 바라보며 언덕에 홀로 선 시인은 몸도 마음도 춥기만 할 것이다. 가을은 그렇게 숨었던 슬픔이 흘러나오는 계절이다.

들국화

들국화도 국화라네
도연명이 없어서 그렇지.
모양으로 보자면 내세울 게 없지만
향기로 치자면 만만치 않지.
철 따라 찾아오는 벌레와 놀고
나비야 오건 말건 기다리지 않네.
늙은이 이 시 쓰고 나면
들국화 꽃잎 따라 은자(隱者)가 찾아오리.

自是寒花一種名, 獨無知己似淵明. 若論標致應須遜, 但鬪芬芳未可輕. 賴得候蟲相籍在, 任他游蝶不將迎. 從今老子題詩後, 會有幽人采落英.

말이 병들어 김제의 시골 객사에서 머무는 동안 뜰에 심어 놓은 여러 식물들을 한가로이 바라보면서 흥에 겨워 읊은 다섯 편의 시 가운데 한 편이다. 도연명은 중국 남조(南朝)의 시인으로, 국화를 좋아한 것으로 유명한 인물이다. 들국화의 무심한 듯 소박한 모습이 떠올라 마음이 편안해지는 시이다.

추수

이슬 내리자 들판은 서늘해지고
낮은 땅 올벼들은 황금물결 이루었네.
묶인 볏단은 구름처럼 쌓여 있고
파란 논물은 넓게 깔려 있네.
방아 찧어 나온 쌀은 옥과 같아서
수저에 담긴 밥이 윤기 나고 향긋하구나.
가을장마 지나간 앞개울에는
게도 벼 까끄라기를 물고 있구나.

白露郊原冷, 汚邪早稻黃. 屯雲卷穤稞, 積水見蒼茫. 出碓精如玉, 飜匙滑更香.
前溪秋潦盡, 兼有蟹銜芒.

'올벼'란 제철보다 일찍 여무는 벼를 가리킨다. 사람만 추수를 하는 것이 아니라, 개울의 게도 벼 까끄라기를 물었다는 마지막 구절이 재미있다.

가을날 친구의 별장을 방문하고

동틀 무렵 말 타고 도성을 나와
십 리 밖 교외에 이르니 뽕나무가 그득.
화악(華嶽)의 맑은 구름 먼 골짝에 희미하고
추운 날 행주 고을엔 외딴 마을 보이는구나.
채소밭과 밤나무엔 가을 맛이 가득하고
게장에 닭고기에 푸짐한 저녁 밥상.
정취 있는 주인은 또 얼마나 멋있는지
처마 밑에 멍석 깔고 바가지로 한 잔 하네.

平明騎馬出都門, 十里郊墟桑柘繁. 華嶽晴雲迷遠壑, 幸州寒日見孤村. 畦蔬園栗供秋味, 紫蟹黃鷄入晚飱. 更喜主人多雅趣, 茅簷展席對匏樽.

김장생의 문인이자 장유와 함께 인조반정에 참여했던 이시백(李時白, 1581~1660)의 별장을 방문하고 쓴 시이다. 가을의 풍성함과 풍류가 흥겹게 느껴진다. 시 가운데 '화악'(華嶽)은 북한산의 별칭이고, '행주 고을'은 지금의 경기도 고양시 행주산성 일대의 마을이다.

12월의 국화

온갖 꽃 피었다 졌는데도
홀로 담담한 향기 뿜어 기특하여라.
서리 무릅쓰고 처음 꽃피우더니
함초롬한 모습 눈 맞고도 그대로일세.
모두들 9월 국화 최고라지만
국화는 12월에도 남아 있는걸.
초췌한 모습 마뜩찮아할 것 없다네
뜻 맞는 주인과 함께하면 그만이니.

萬卉繁仍脆, 孤芳淡自奇. 冒霜初吐蕊, 經雪尙含姿. 共詫重陽艶, 因成歲暮期. 莫嫌憔悴甚, 偏與主人宜.

12월의 국화야 시들고 색이 바랬기 쉽지만 시인은 그 모습마저 기특하고 아름답게 보고 있다. 국화의 마음이 되어 국화의 겸연쩍음을 위로하는 시인의 마음이 따뜻하고 여유롭다.

달빛 속의 매화

한겨울 전에 핀 강가의 매화여
과분하게 하늘에서 달빛까지 내렸네.
맑은 기운 가슴속에 가득 차
평생 동안 나쁜 생각 들지 않겠네.

―

江梅初放臘前花, 分外天公借月華. 摠入淸襟添灝氣, 一生思慮自無邪.

장유가 스승 사계 김장생의 행적과 그의 집 양성당(養性堂)에 대해 노래한 시 열 수 가운데 하나이다. 달빛을 받은 매화의 아름다움이야 더 말할 것도 없겠다. 매화의 향기에 대해 굳이 말하지 않은 것은 풍경 속에 그 향기가 이미 녹아 있기 때문일 것이다.

폭설

까마귀는 날개 접고 가지 위에 앉아 떨고
아침부터 내린 눈은 기세도 참 대단하다.
만물을 새로 단장해 낸 솜씨 몹시 교묘한데
음(陰)의 이 기운 누가 일으키는 걸까?
북국(北國) 임금의 날개옷 활짝 펼쳐지고
옥룡의 비늘이 흩어져 골고루 뿌려진다.
병든 몸 이 풍경에 마음이 움직여
창가로 다가가 작은 노래 지어 본다.

戢翅寒鴉坐踏枝, 朝來雪勢更添奇. 裝成萬象一何巧, 簸弄陰機誰得知. 玄帝羽儀方王張, 玉龍鱗甲正參差. 病夫對此生情性, 起向窓間題小詩.

'북국 임금의 날개옷', '옥룡의 비늘' 등은 차갑고 흰 눈을 형상화한 말이다. 눈이 반갑고 아름다워 아픈 몸을 이끌고 창가로 다가가는 시인의 마음이 참 깨끗하다.

섣달 그믐날 길을 가며

비실비실 여윈 말 채찍질하며
험한 산언덕 쉼 없이 넘어가네.
바닷바람에 잔설(殘雪)이 녹고
숲 햇살에 서리가 반짝이네.
가는 세월 어찌 잡으리
시간은 본래 바삐 흐르는 것을.
멀리서도 알겠네 오래된 소나무들
파랗게 떨면서 새봄 기다리는 걸.

兀兀鞭羸馬, 行行越亂岡. 海風融淺雪, 林旭曬輕霜. 徂歲那能駐, 流光本自忙.
遙知故松柏, 寒色待靑陽.

섣달 그믐, 곧 12월 31일에 선산에 참배드리러 가면서 지은 시라고 한다. 마지막 구절의 '파랗게 떨면서 새봄을 기다리는 소나무'의 이미지를 통해 한겨울도 견뎌 내는 생명의 줄기찬 힘을 느낄 수 있다.

병중의 읊조림

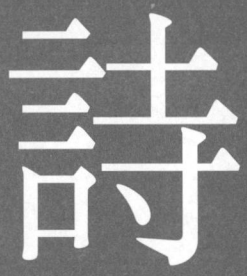

병중에 답청일을 맞아

봄날이 어느새 깊어져
오늘은 바로 삼월 삼짇날.
푸른 버들가지 축축 늘어지고
파란 풀잎 쑥쑥 자랐네.
화려한 복사꽃 어여쁜 배꽃
붉게 희게 어울려 만발하였네.
마침 봄비 온 뒤라
맑은 풍경도 선명해.
사람들은 이 시절을 좋아해
좋은 것 찾아다니며 즐긴다네.
물가엔 미인들이 모여들고
길거리엔 말들이 오가누나.
분 바르고 눈썹 그려 새 단장하고
붉고 푸른 옷으로 성장(盛裝)하였네.
해 질 녘 노랫소리 피리 소리에
거나하게 취한 이들 부축받아 가는구나.
오랜 병 품은 나는

소란 피해 초막에 드러누워서
열흘이 넘도록 세수도 안하고
헝클어진 짧은 머리 늘어뜨렸네.
침상 머리엔 그득 쌓인 약봉지
먼지 쌓인 책장엔 처박힌 책들.
아무 낙 없이 쓸쓸히 살며
벙어리처럼 종일 말이 없네.
백 년도 못 사는 인생
갑자기 폭풍을 만나
봄날의 즐거움 못다 누리고
백발만 늘어 가니 속이 타누나.
억지로 젊게 살려 해도
병 때문에 어쩔 수 없네.
조용히 지내는 것도 나름의 멋이 있으니
말없이 버려두면 되는 것이지.

春序忽以晚, 茲當三月三. 長楊碧娟娟, 細草靑毿毿. 夭桃與穠李, 紅白開相參.
況値新雨餘, 澄鮮時景含. 芳辰世所重, 時物佳可探. 水邊多麗人, 陌上交驂驔.
新粧鬪粉墨, 袨服雜茜藍. 日暮歌管動, 扶路多昏酣. 伊余宿抱痾, 避喧臥茆庵.

經旬懶盥櫛, 短髮垂鬖鬖. 藥裹滿牀頭, 書帙抛塵龕. 悄悄苦無悰, 默默長如瘖. 靜思百齡期, 飄忽風中嵐. 靑陽失歡娛, 衰白增憂惔. 强欲學年少, 奈此病不堪. 靜躁各異趣, 棄置無多譚.

'답청일'(踏靑日)은 봄에 파랗게 돋은 풀을 밟으며 산책하는 날을 말하는데, 조선에서는 주로 삼월 삼짇날이 '답청일'이었다고 한다. 시의 앞부분에는 봄날의 흥겨운 정경이 묘사되어 있고, 뒷부분에는 이와 대조적으로 쓸쓸하고 고달픈 시인의 일상이 묘사되어 있다. 시인은 자신의 젊은 시절을 아쉬워하며 건강한 이들의 삶을 동경하기도 하지만, 그런 즐거움을 억지로 얻으려고는 하지 않는다.

조물주에게 묻다

정말 묻고 싶소이다
어찌 이리 들볶는 거요?
사람의 몸을 갖고 태어나
실낱처럼 아슬하게 살아가는데
못된 놈들에게 날 맡겨
가두고 조이고 때리고
한기(寒氣)와 열기(熱氣)에 오장육부 녹아나고
수기(水氣)와 화기(火氣)에 뼈마디는 욱신욱신.
모르겠소 내 심신을
무엇이 이리 피곤케 하는지
나는 본래 재주가 보잘것없어
그저 문장이나 다듬을 줄 아는데
그마저 혼자 좋아서 하는 것일 뿐
감히 우주의 조화(造化)를 침범하지 않았소.
한데 뭘 잘못했다고
이리도 못살게 구는 거요.
이제부터 깊이 반성하여

고승(高僧)에게 머리 조아릴 것이니
제발 날 좀 어여삐 여겨
건강하게 좀 더 살게 해 주오.

―

請問造物兒, 一何相拒爲. 我有四大身, 危脆如懸絲. 委諸二豎子, 毒手操鉗鎚.
寒熱鑠朣腑, 水火銷骨肌. 不知此神尻, 輪馬終何施. 我生本嬾拙, 但解雕篆辭.
只圖自娛樂, 非敢私天機. 未省何負犯, 忍此相侵欺. 從今痛懺悔, 稽首毗耶師.
願言少寬我, 康茂延天期.

갑술년(1634) 겨울에 큰 병을 앓으면서 지은 시라고 한다. 이 시에서 시인이 말하는 상대는 조물주(造物主), 곧 하느님이다. 시인은 자신을 병에 시달리게 하는 조물주를 원망하기도 하고 고달픈 병을 낫게 해 달라고 애원하기도 한다.

조물주가 답하다

그대에게 답하노라
어찌 없는 말을 지어내는가.
나는 무심하게 만물을 보살피니
만물은 제각기 살아가는 거라네.
꽃피거나 시들거나 약하거나 강하거나
만물의 성질은 각기 다른 것.
나는 본래 누구도 차별하지 않으니
두루 사랑하고 두루 미워한다네.
그대는 타고난 체질이 허약해
속이 허하고 몸도 말랐는데
섭생하는 요령을 몰라
스스로 병을 만든 것이지.
마치 저 등잔 기름이 불을 밝힐 때
타다가 끝내는 혼자 사그라들 듯
갈 데까지 가고도 반성할 줄 모르고
엉뚱한 소리만 하니 어찌 그리 어리석은가.
해충(害蟲)만 없애면

곡식도 절로 소생하나니
담담하고 고요하게 사는 참맛을 알면
오래도록 건강하게 살 수 있으리.

―

爲答谿谷子, 胡爲妄見誣. 我於物無心, 萬化自紛敷. 榮萎與脆韌, 物性各自殊.
我本一視之, 疇疾疇昫濡. 子兮橐單贏, 中虛而外朣. 不學衛生經, 多能自毒痡.
譬彼膏火明, 相煎終自枯. 旣窮不知返, 妄語何其愚. 但令去孟賊, 自見嘉谷蘇.
沖恬味眞腴, 眉壽保康娛.

앞의 시에 대한 조물주의 답이다. 앞의 글만 읽어서는 시인이 그저 자신의 처지를 한탄하며 거기에서 벗어나려 하는 것처럼 보이지만, 시인은 조물주의 답을 스스로 제시하여 자신을 반성하고 자신의 문제를 능동적으로 해결해 나가려 한다.

77

가을날 병들어 누워

앞 뜰 몇 평 되는 땅에
대나무 대신 국화를 심었네.
가을바람 댓잎 스치는 소리는 못 듣겠지만
앉아 있으면 차가운 국화향기 손에 잡힐 듯.
깊은 병 안고 살아오길
어언 삼 년 쓸쓸히 지내면서
때론 즐겁던 옛 시절 생각하고
꿈엔 선방(禪房)에 묵기도 하였다오.
흘러간 세월 손으로 꼽아 보니
이젠 앞날도 짐작할 수 있겠네.
옛사람은 잘못 깨치는 걸 소중히 여겼는데
두 번씩 잘못하는 내가 부끄럽기만.
티끌이 내려앉으면 거울은 금세 흐려지고
물이 가득 차면 잔은 바로 쓰러지는 법.
반평생을 잘못 보냈으니
이제부턴 알뜰하게 살아가야지.

庭前數畝地, 種菊不種竹. 不恨無秋聲, 寒香坐可掬. 自我抱沈痾, 三載處塊獨.
有時憶舊游, 夢作禪房宿. 流年手中蓍, 萬事已可卜. 昔賢貴知非, 吾生愧迷復.
塵止鑑易昏, 水滿器即覆. 誤却半生計, 從今思爛熟.

차가운 국화 향기가 시인의 안일했던 정신을 깨운 것일까, 쓸쓸한 정취와 소박한 결심이 묘하게 어울린다. 이렇게 병은 인간에게 고통과 함께 성찰과 반성의 시간을 주기도 한다.

엎드려 쓰는 시

오랜 나그네 몸에 찬 기운이 들어
가을이 되니 지병이 다시 찾아왔네.
곁에는 약봉지만 뒹굴뒹굴
눈앞에는 책들이 어른어른.
육신의 병 아직도 다스리지 못해
가족들에게 근심만 끼치네.
그래도 평생 시 쓰는 건 좋아해
오늘도 엎드려 새 시를 써 보네.

久客侵霜露, 秋來舊疾纏. 近身惟藥裹, 遮眼有書編. 未撥形骸累, 長爲骨肉憐.
平生詩癖在, 伏枕課新篇.

시인은 비록 병이 들었지만 읽고 쓰고 싶은 마음만은 여전하다. 눈앞에 책이 어른거리고 엎드려서라도 시를 쓰는 건 그 때문이다. 몸을 가누기 힘들어 자리에 엎드려 시를 쓰는 모습이 안쓰러우면서도 천진하다.

병석에 누워

자리에 누워 세월 보내니
세상의 만남과 이별이 줄어서 좋네.
늙어서도 깨달음의 기쁨은 그대로 남아
한가하면 붓을 꺼내 글을 쓴다오.
십이월 다 지났어도 여전한 추위
빈 창으로 석양빛 비치어 오네.
평생 고요하고 한산한 걸 좋아해
병중(病中)에도 정신은 맑디맑으오.

伏枕淹時月, 將迎俗累輕. 老仍留法喜, 閑却進毛生. 臘盡餘寒在, 牕虛返照明. 平生愛蕭散, 病裏道機淸.

옛사람들은 종종 병을 없애야 할 무엇이 아니라 나와 더불어 사는 무엇으로 보곤 했다. 장유 역시 이 시에서 병으로 말미암아 얻을 수 있는 삶의 의미를 조용히 성찰하는 모습을 보여 주고 있다.

병들어 일 년

1

병들어 책을 놓은 지 어느새 일 년
뱃속 비우고 잠만 즐기네.
소나무 처마 그늘 아래로 보리 바람이 스치고
남촌 북촌 뿌연 안개 누워서 바라보네.

病不讀書今一年, 枯腸枵腹只酣眠. 松簷陰下麥風過, 臥看村南村北煙.

2

병들어 시를 놓은 지 어느새 일 년
뵈는 풍경 절로 한가롭구나.
장안의 친구들 명성 자자한데
빼어난 글 몇 편이나 썼을까.

病不賦詩今一年, 眼中風物自悠然. 長安舊侶名聲在, 白雪陽春有幾篇.

'잠'·'보리 바람'·'누워서'·'한가롭구나' 등의 시어를 통해 전개되는 시상과 서울의 친구들과 자신을 대비하는 시인의 심경이 현실과 다른 더딘 시간의 흐름을 만들고 있다. 자연에 대한 여유로운 관조 속에 건강한 친구들에 대한 동경과 그리움이 엿보인다.

꽃향기가 날아와

다투어 풍류를 즐기는 젊은이들
버들과 꽃을 찾아 노는데
병든 이 몸 관심은 그저 약봉지
봄날 애수(哀愁) 함께할 여력 없어라.

―

黃衫年少鬪風流, 問柳尋花取次遊. 病裏關心唯藥裏, 更無餘力管春愁.

간밤에 비바람 불었대도 별 상관없지
저녁이면 다시 개어 꽃향기 한없는걸.
아마 궁궐 안 근심 깊은 곳에서도
꽃과 버들에 마음이 싱숭생숭할 테지.

―

不妨風雨夜來聲, 無限芳菲媚晩晴. 商略省中愁絶處, 宮花御柳摠關情.

저 꽃 때문에 미칠 듯했던
늙고 보니 아련한 젊은 날 마음.
병든 몸은 봄빛에 더욱 노곤해
대나무 창 맑은 낮에 책 베고 잠드네.

被他花惱欲成顚, 少日心情老自憐. 病着春光增困懶, 竹窓晴晝枕書眠.

꽃향기가 날아와 이 마음도 싱숭생숭
뼈만 앙상한 몸이라 시심(詩心)도 사라지고.
번화한 거리에 풍악 소리 높지만
임금 곁의 신하 또한 나처럼 쓸쓸하리.

花氣薰人苦見撩, 詩魂瘦骨暗中消. 繁華着處笙歌沸, 粉署含香亦寂寥.

장유의 벗 김상(金尙, 1586~?)이 궁궐 안에서 보낸 시에 답한 시이다. 마지막 구에서 '임금 곁의 신하'란 바로 김상을 가리킨다. 달콤한 꽃향기와 나른한 봄빛에 애수(哀愁)가 녹아든 시이다.

병든 후에

귀밑머리 보면 늙은 줄을 아는데
가을 들어 점점 많이 빠지누나.
오이 덩굴 아래엔 서늘한 그늘 머물고
내린 비에 이끼 낀 샘이 넘치네.
세상일 상관 않고 내버려두니
세월은 눈앞에서 흘러가누나.
병든 후론 영 시원찮은 내 시(詩)
벗은 아마 서글피 여길 듯하네.

衰相關雙鬢, 逢秋轉颯然. 涼陰逗瓜蔓, 新雨漲苔泉. 世事抨身外, 年光閱眼前. 病來詩筆澁, 知有故人憐.

벗 이명한(李明漢, 1595~1645)에게 답한 시이다. 이명한은 장유와 함께 조선 중기 한문 사대가의 한 사람으로 꼽히는 이정구(李廷龜, 1564~1635)의 아들이다. 병약해진 시인의 자조적인 감정이 읽는 우리마저 서글프게 한다.

봄을 보내며

1

갑절이나 쓸쓸한 오늘 아침
어제가 마지막 봄날이었지.
병든 몸 일으키니 마실 술 없고
마음은 가득해도 시는 쓰지 못하네.
세월은 머물러 있지 않고
추위와 더위는 뉘 마음인지.
창가에서 졸다가 언뜻 깨어 보니
산들바람 머리칼을 스치는구나.

―

今朝倍怊悵, 昨日送春時. 病起仍無酒, 情多未賦詩. 光陰元不駐, 寒燠定誰司.
乍破囱間睡, 輕風白帢拔.

2

떨어지고 남은 꽃잎 몇 점이나 될까
봄날이 지난 지 얼마 되지 않았는데,
늙은이 도무지 살맛이 없는데
벗은 그래도 시를 보내 주었네.
옛 시처럼 깊은 그대의 시정(詩情)
기운 잃고 풀 죽은 나의 기색.
이제 사월을 맞이했으니
짙은 안개 자주 걷어 주구려.

花飛餘幾點, 春去不多時. 老子苦無興, 故人還有詩. 情深青玉案, 色沮白雲司. 好趁淸和節, 頻成宿霧披.

벗 이명한의 시에 대한 답시이다. 시인은 병중이라 봄의 정취마저 놓쳐 버린 것을 몹시 안타까워하고 있다. 가는 계절에 대한 시인의 조바심과 초조함이 느껴진다. 그런 마음을 그나마 다독일 수 있는 것은 마음의 짙은 안개를 걷어 주는 벗의 시 덕분이다.

낙화

가는 봄은 더욱 아름다운 법이언만
병든 후론 기뻐하는 마음도 아득해져
바람 따라 날리는 만 점의 꽃잎
나부끼는 꽃 시절 이 편으로 지는 듯.

自是殘春倍可憐, 病來歡意却茫然. 飛花萬點隨風去, 飄落年芳若箇邊.

가는 봄의 아름다움도 제대로 느끼지 못할 만큼 지쳐 버린 시인의 마음을 읽을 수 있다.
지는 꽃과 병으로 쇠약해진 시인의 심신(心身)이 겹쳐진다.

나는 유마의 화신

소슬한 가을날 계속 침상에 누워
온종일 방에서 친구 찾아보지만
평생의 친구 만나기가 쉽지 않으니
병 많은 몸이 친구를 탓할 게 뭐 있겠소.
책 속의 새 글에 다시 기운이 나고
상자 속 멋진 칼에 정신이 깨어나네.
나를 그저 병자에 비유하지 마오
나는 정녕 유마(維摩)의 화신이어늘.

蕭瑟高秋伏枕頻, 齋居盡日索誰親. 一生未易逢知己, 多病何須恨故人. 卷裏新篇還意氣, 匣中雄劍尙精神. 休敎擬我文園令, 正與維摩作後身.

이 시는 병에 대한 시인의 새로운 태도를 보여 준다. '유마'(維摩)는 중생이 병들었으므로 자신도 병들었다며 교화를 행한 유마힐(維摩詰)인데, 시인은 자신을 유마에 비김으로써 병중에 나약해진 마음을 새롭게 가다듬으며 자신의 병이 개인적인 신병 이상의 의미를 가질 수 있음을 말하고 있다.

욕심 없는 삶

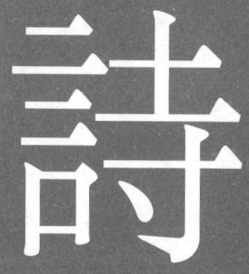

개구리 울음소리

오월 장마비
열흘 내내 내려서
물이 넘쳐흐르고
땅이 모두 잠겼구나.
묵소자(默所子)가 은거하는 서대문 골목길
작은 집은 수풀에 가리웠네.
울창한 숲은 이어 있고
굽어진 도랑은 띠처럼 둘렀는데
으슥히 풀 무성하고
질척거리는 진흙탕을
개구리들이 차지하고
소굴로 삼았다네.
알을 낳고 그게 자라
그 수를 헤아릴 수 없는데
이 틈을 타 옳다 싶어
와글와글 신이 나서
다른 개구리마저 데려와

입을 쫘악 벌리고는
한 소리로 합창하니
저희끼리 싸우는 듯
개굴개굴 요란한 소리
밤낮이 없구나.
만 가구쯤 모여 사는 마을이랄까
번성한 나라의 도시처럼
수레바퀴 부딪고 어깨 스치고
시끄런 소리 큰길에 울려 퍼지네.
소란스런 싸움터처럼
전쟁터의 군사들처럼
북소리 하늘을 울리며
수레와 말이 달려가는구나.
묵소자 시끄러움 피해 조용히 있어 버릇하며
쓸쓸하며 고요한 경지에 노닐었는데
갑자기 들리는 소리에 몸이 말을 듣지 않고
보고 듣는 일이 괴로워
거문고 타며 노래하는 것도 그만두고
책도 눈에 들어오지 않아 내려놓았네.
눈을 감아도 침상이 편치 않고

앉아 보아도 자리가 편치 않아
미친 듯 취한 듯 어지럽고 괴로워서
사람을 시켜
재를 뿌려도 보고
채찍질을 해 보기도 했네.
나쁜 녀석들 모두 없애
씨를 싹 말려 버려야
보고 듣기 싫은 깃 없어져시
기분이 좋아질 것 같았는데
일이란 게 본래 뜻대로 되잖아서
혼자 고민하며 긴 한숨 내쉬었네.
지나가던 사람이 웃으며 말하기를
"그대는 도무지 사리분별을 못하는구려.
사람 생리의 변덕스러움도
사물의 성질도 모르고 있소.
광활한 이 우주에는
만물이 어울려 살면서
각자 형체와 기운을 받아
꾸밈없는 본연의 소리를 내는데
제 성질대로 표현하는 것이지

사람더러 보고 들으라는 건 아니라오.
사람도 그렇소이다
좋아하고 싫어하는 것이 각자 달라서
성인(聖人)의 음악조차
묵자(墨子)의 무리에겐 비난을 받았다오.
어찌 그 많은 움직임과 모양과 소리를
그대가 즐길거리로 삼을 수 있겠으며
어찌 저 만물이 제 천성을 바꾸어
그대의 눈과 귀만 즐겁게 해 줄 수 있겠소?
만물의 영장이라는 인간
그 가운데 유자(儒者)
말하는 것만 봐도
싫은 것이 한둘이 아니건만
그대는 어찌하여 이건 살피지 않고
개구리만 죽이려 드시오?
대충만 보아도
나머지는 알 만하오.
진정한 도(道)는 어디에 숨었기에
거짓말 점점 더 많아지는 것이오?
번드르르한 거짓으로 진실을 어지럽히고

비슷하게 꾸며 옳은 것을 혼란스럽게 하는구려.

불교의 교리

여러 학파의 논쟁

제자백가의 경쟁

우레처럼 내달리고 파도처럼 말려들며

감언이설로 우주를 현혹하고

검은색과 흰색을 헛갈리게 하는데

개구리가 어디 이런 짓을 한다고

해로운 짐승 취급하시오?

신령스런 성인의 시대가 지나자

바른 음악은 버림받고

부정한 음악이 줄을 이어

음란함과 기이함을 과시하고

음풍농월(吟風弄月)로 글을 꾸며 대며

온갖 잠꼬대 일삼고

꽃은 취하고 열매는 버리면서

거짓을 전하고 천박함을 답습하여

시끄럽게 조잘대고 떠들어 대며

바른 소리에 싫증나게 만들지 않소.

개구리가 어디 이런 짓을 한다고

기생충 좀벌레 취급하시오?

남을 헐뜯는 이들 끝없이

쑥덕쑥덕 오락가락

교묘하게 모함하여

착하고 현명한 이들을 해치고

바름과 그릇됨을 뒤바꾸고

옳고 그름도 어지럽힌다오.

간악함을 숨기고 나쁜 일을 저질러

마음대로 제 이익을 챙기니

남 헐뜯는 이는 가시나무의 쉬파리 같다고

시인(詩人)도 미워하였는데

개구리가 어디 이런 짓을 한다고

도깨비 물여우 취급하시오?

이런 것들은

근원적인 혼란이요 분명한 거짓으로

크게는 도(道)를 어지럽히고

작게는 집안과 나라를 망치는 것이니

어진 사람과 뜻있는 선비가

마음 아파하고 뼈에 사무쳐 하며

근본 원인을 없애고자 하였으나

이미 재앙과 난리는 어찌할 수 없었다오.

개구리는 음과 양의 기운을 받고

자연이 만들어 준 기질에 따라

진흙탕에서 태어나

구정물에 살면서

우물 기둥 위에 올라앉고

우물 돌 깨진 사이에서 쉬면서

마음껏 혼자 울기도 하고

여럿이 화답하기도 하면서

사람에게 요구하는 것도 없고

다른 생물 방해하는 것도 없다오.

설사 떠드는 것이 싫다 하더라도

사람이 소리치고 즐겁게 노는 것과 뭐가 다르겠소?

모두 물아(物我)가 일체가 되어

각자 분수대로 즐거움을 찾은 것이니

옛적의 달인(達人)도

물고기의 즐거움을 이해했고

선현(先賢)들도 노새 소리를 유쾌하게 여기고

매미 소리에 귀가 번쩍 열렸다오.

그들이 사물과 즐거움을 함께할 수 있었던 건

지극한 이치에 말없이 통달했기 때문이라오.
지금 그대는 자신만 생각하고 사물은 남이라 여기고
자신에 갇혀 남을 미워하고 있구려.
나와 사물이 모두 자연의 소리를 내며
통하고 막힌 것의 근원이 같음을 모르고서
꼭 생물을 죽이고 내 뜻대로 하려 하니
바로 이치를 몰라 어진 행동을 못하는 것이 아니겠소?
아니면 작은 즐거움 때문에 큰 근심은 묻어 버리거나
작은 고민은 해결하고 큰 피해는 내버려 두는 셈이니
개구리가 시끄럽게 우는 건 싫은 줄 알면서
큰 개구리가 크게 떠드는 게 진짜 싫은 줄은 모르는 것이라오.
이런 사실 미루어 알질 못하니
어쩌면 그리도 어리석은 게요?"
그 말이 끝나기도 전에 묵소자는 두려워 풀이 죽고
몸과 마음이 얼어붙어
멍하니 말도 못하고
가만히 생각에 빠져 들었네.

'개구리 울음 소리'는 나와 다르다는 이유로 우리가 외면하고 억압하려 드는 모든 것이다. 나와 타자의 차이를 이해하고 수용하려고 노력한다면 개구리 울음 소리는 시끄러운 소리가 아닌 자신을 반성케 하고 각성시키는 소리가 될 것이다. 글 가운데 '묵소자'(默所子)는 장유 자신을 가리킨다. 장유의 대표작 가운데 하나인 「와명부」(蛙鳴賦)를 번역한 것이다.

침묵 예찬

온갖 묘함의 근원으로는
침묵만한 것이 없네.
영악한 사람이 말할 때
소박한 사람은 침묵하고
조급한 사람이 말할 때
차분한 사람은 침묵하네.
말하는 사람은 수고롭고
침묵하는 사람은 편안하며
말하는 사람은 헤프고
침묵하는 사람은 아끼며
말하는 사람은 다투고
침묵하는 사람은 여유가 있네.
도(道)는 침묵으로 이루어지고
덕(德)은 침묵으로 길러지며
정신은 침묵으로 안정되고
기운은 침묵으로 축적되며
언어는 침묵으로 깊어지고

생각은 침묵으로 터득되며
형식은 침묵으로 덜어지고
본질은 침묵으로 더해지며
깨어선 침묵으로 편안하고
잠들어선 침묵으로 쾌적하며
화(禍)는 침묵으로 멀어지고
복(福)은 침묵으로 모여드네.
말은 전부 이와 반대니
무엇이 나은지는 분명하리라.
이에 내 집 이름에 묵(默) 자를 써
편히 쉬며 하루를 보내려 하노라.

衆妙門, 無如默. 巧者語, 拙者默. 躁者語, 靜者默. 語者勞, 默者佚. 語者費, 默者嗇. 語者爭, 默者息. 道以默而凝, 德以默而蓄, 神以默而定, 氣以默而和. 言以默而深, 慮以默而得. 名以默而損, 實以默而益. 寤以默而泰, 寐以默而安. 禍以默而遠, 福以默而集. 語者悉反是, 得失明可燭. 故以名吾居, 宴坐窮晷夕.

장유는 자신의 당호(堂號)를 '묵소'(默所)라고 이름 붙였다. 마지막 구에서 '내 집 이름에 묵(默) 자를 썼다'라는 말은 그런 사실을 가리킨다. '묵소'는 고요한 곳이라는 뜻이다. 장유는 집 이름을 그렇게 붙인 것도 모자라 이렇게 침묵의 가치를 역설하고 있다. 생각해 보면 요즘 사람들은 너무 말이 많다. 말없이 침묵하면 좋은 점이 이렇게 많은데 말이다.

나는 못난이

생김새도 못나고
생각도 어리숙하지만,
세상 멀리 한가로이
양생(養生)하며 지낸다오.
하늘은 어쩌면 고달픈 내 생 측은히 여겨
늙기도 전에 고질병 주어 날 편케 하는가.
창 밝은 따순 집에 향 하나 피워 놓고
아침 죽 저녁 밥 그럭저럭 사노매라.
삼신산(三神山)도 도솔천(兜率天)도 내 바라지 않고
강물이 흐리든 맑든 상관없다오.
하늘이 부르면 가면 그만
조물주가 나를 어찌하리오.

―

支離兮其形貌, 錯莫兮其神鋒. 優游乎事物之外, 棲息乎藥餌之中. 天豈闵余之勞生, 未老而佚我以沈痾. 明窓煖屋兮香一炷, 早粥晚飯兮度生涯. 海山兜率兮非所慕, 淸濟濁河兮休管他. 淹速去來兮符到奉行, 造物小兒兮於我何.

못난 것도, 병이 든 것도, 가난한 것도 탓하지 않고 운명에 순응하며 욕심 없이 살아가는 자신의 모습에 대해 쓴 시이다. 시 가운데 '양생'(養生)이란 병에 걸리지 않도록 식사 등을 통해 건강을 조절하는 것을 말한다. '삼신산'(三神山)은 바다 가운데 있는 신선이 산다는 산을 말하고, '도솔천'(兜率天)은 미륵보살이 사는 정토(淨土)를 가리킨다.

뜻이 족하면 그만이지

점심을 잘 먹었더니 저녁은 생각 없어
만두 하나로 때웠더니 속이 마냥 편하네.
뜻이 족하면 그만이지 뭐가 또 필요하랴
늙은이 쇠한 위장 잘 보살펴 주어야지.
저물녘 비구름에 어둑해져 오지만
열흘 장맛비도 이제 한풀 꺾였구나.
한가함 즐기는 나의 뜻 알아줄 이 없어
붓 가는 대로 시 쓰고는 혼자 보누나.

午飯飽來晡飯厭, 饅頭一顆覺輕安. 人生意足更何待, 老子胃衰須得寬. 向晚雲陰仍黯黕, 經旬霖雨已闌珊. 無人解取閑中趣, 信筆詩成獨自看.

한가하고 욕심 없는 삶의 모습이 '만두 하나'라는 시어 속에 잘 함축되어 있다. 만두 하나로 편안해진 속만큼이나 욕심 없는 삶이 편안해 보인다.

무덤 속은 봄처럼 따사로우리

천진난만 술 좋아했던 우리 왕손(王孫)
탈 없이 살아온 일흔아홉 해.
얼마나 좋을까 푸른 산 누른 흙 속에
백발로 누운 자리 봄처럼 따사로우리.

王孫耽酒得天眞, 七十九年無事身. 好是靑山黃土裡, 白頭歸臥煖如春.

장유는 다른 여러 글에서 삶과 죽음이 본질에 있어 다르지 않다는 견해를 피력하고 있는바, 이 시에서도 죽음의 이미지를 따뜻하고 밝게 묘사하고 있다. 이런 죽음을 생각한다면 살아 안달복달할 필요가 없을 것이다.

팥죽 한 그릇

팥을 삶아 받아 내니 단액(丹液)처럼 풀어졌고
함께 끓인 향긋한 쌀 제 모양 그대로네.
서리 내린 아침 석청으로 맛을 낸 죽 한 그릇
속을 데워 주며 풀어져 몸이 절로 편안하네.

—

小豆爛烹汁若丹, 香秔同煮粒仍完. 霜朝一盌調崖蜜, 煖胃和中體自安.

산해진미 기름진 고기 싫도록 맛보고
먹고 취해 지내다가 병들기보다는
상쾌한 아침 세수한 뒤에
우유처럼 부드런 팥죽 한 그릇 먹어야지.

—

珍窮陸海飫羶腴, 醉飽居然厲爽俱. 爭似淸晨盥漱罷, 一甌豆粥軟如酥.

'단액'(丹液)은 불로장생의 약을 말한다. 소박한 음식이 몸의 건강에 좋은 것처럼, 담박하고 화려하지 않은 삶이 정신 건강에도 좋을 것이다. 따끈한 팥죽 한 그릇을 눈앞에 선명하게 그려 놓는 시이다.

봄날의 여유

허름한 집이지만 산이 가깝고
창밖으론 너른 들이 내다보이네.
쌓인 눈 녹아드는 따스한 봄날에
구름은 흩어지고 저녁 바람은 가벼워.
자취를 숨기니 세속의 티끌도 사라지고
텅 빈 마음에선 도(道)의 운치 맑아져 가네.
이는 부러져도 혀는 아무 탈 없으니
느긋한 마음으로 한평생 살아가리.

缺居當山近, 幽窓對野平. 雪融春日暖, 雲散晚風輕. 絶迹塵機息, 虛心道韻淸.
舌存還齒弊, 張弛適平生.

비록 집은 허름하지만 자연의 아름다움과 자연이 주는 평화에 만족하는 시인의 여유로운 생활이 그려진 시이다. 마지막 구절에서는 이는 부러지지만 혀는 부러지지 않는다는 비유를 통해 제 주장만 내세우고 제 욕심만 채우려 해서는 안 된다는 점을 말하고 있다.

계양 가는 길에

어슴푸레한 들녘에 기러기떼 낮게 날고
길가엔 서리 가득한 2월의 강변 마을.
바라본 하늘과 땅 사이는 넓디넓고
아침 풍경 그 속으로 쓸쓸하게 흩어지네.
꿈속에서도 닫혀 있는 승명려(承明廬) 문
바닷가 들판도 숲속의 연못도 살 만한 곳이니
유학(儒學)에 몸담느라 어긋난 반평생
가진 책 모두 팔아 호미며 쟁기 사련다.

―

野田漠漠雁飛低, 二月江城霜滿蹊. 望裏乾坤許空闊, 朝來物色仍淒迷. 承明鎖闥夢不到, 海野林塘身可棲. 儒冠誤却半生計, 盡賣書籍供鉏犁.

'계양'(桂陽)은 지금의 인천 계양구(桂陽區) 일대에 해당한다. '승명려'(承明廬)는 한(漢)나라 때 천자의 노침(路寢)인 승명전 옆에 있던 시신(侍臣)들의 숙직소(宿直所)로, 여기서는 임금을 곁에서 보좌하는 일을 의미하는 것으로 보인다. 장유의 글에는 이 시에서와 같이 서울을 떠나 전원으로 돌아가고 싶다는 소망이 자주 보인다.

섣달 그믐날 밤에

추운 밤 가는 해를 재촉하는 종소리
태어나 쉰 번째 봄을 맞이하는 기쁨.
재주가 다한 몸 다시 글을 쓸 수 있으려나
병치레하며 아직도 세속에 머무르고 있구나.
누가 보나 보잘것없는 몰골
고요한 바닷가에 마지막 거처 마련하리라.
뜬구름 같은 세상일 상관할 게 뭐 있나
손자 안은 백발노인 즐거움이 가득한데.

寒宵鍾漏催殘臘, 喜見人間五十春. 才盡更堪親翰墨, 病多猶自滯風塵. 形骸已是支離客, 棲息終須寂寞濱. 萬事浮雲都不管, 白頭甘作抱孫身.

을해년(1635) 섣달 그믐에 지은 시이다. 시인은 비록 병중이지만, 쉰 번째로 맞는 봄을 소박하고 겸손한 마음으로 기뻐하고 있다. '마지막 거처'를 생각하는 백발의 할아버지에게 안긴 손자에게서 또다른 희망의 조짐을 읽을 수 있다.

시골집

1

처마 끝이 툭 틔어 경치가 시원하니
침상이 좁아 잠자리는 불편할지언정
예서 살아가면 만족이 있으니
부자 되는 방법 알아 무엇 하겠소.

―

簷虛足延望, 床窄劣容眠. 笥裏生涯足, 那須問計然.

2

새 집으로 옮긴 것도 기쁘려니와
그 옛날의 제비는 또 얼마나 예쁜지.
책 베고 낮잠 한숨 늘어지게 자고는
푸른 이끼 밟으며 약초 캐러 간다오.

且喜新居就, 仍憐舊燕來. 枕書眠白日, 行藥踏蒼苔.

몸은 고달플지언정 은자(隱者)의 삶을 사는 시인의 마음은 더없이 편안하고 여유로워 보인다. 경치가 시원스럽고, 옛 제비가 다시 돌아와 주어서 그런 것인가. 어쩌면 책을 읽지 않고 베고 자기에 더욱 그런지도 모르겠다.

시골로 돌아와 1

남쪽 산모퉁이에 밭을 일구고
북쪽 산굽이엔 오두막을 지었네.
아침엔 밭에 나가 일을 하고
저녁엔 돌아와서 책을 읽네.
주변에선 나의 고생 비웃겠지만
내게는 더없는 즐거움이라네.
이제야 알겠네, 농사일 배우는 게
벼슬하는 것보다 더 낫다는 것을.

耕田南山側, 結廬北山曲. 朝出到壟上, 暮歸理書策. 旁人笑我勤, 我自以爲樂.
始知請學稼, 猶勝問干祿.

글 읽고 벼슬하던 선비에게 주경야독(晝耕夜讀)하는 생활이 고달플 수밖에 없겠건만 시인은 더없이 즐거워하는 모습이다. 벼슬살이보다 더 중한 의미를 농사일에서 찾은 것이리라.

시골로 돌아와 2

벼슬하며 도(道)를 행해 보려다
실의에 젖어 시골로 내려왔네.
처음의 계획은 큰 잘못이었지만
늦게나마 겨우 제대로 됐구나.
밭이랑 사이에서 힘써 일하고
누에 치고 베 짜며 즐거워하네.
어찌 감히 풍족함을 구하겠는가
죽이라도 먹게 되면 다행이어늘.

作官欲行道, 失意因歸田. 始計良已謬, 晚途聊自全. 勤勞畎畝間, 游戲桑麻邊. 豈敢求贏餘, 願給粥與饘.

시 가운데 '처음의 계획'이란 벼슬길에 나아갔던 것을 뜻하는데, 시인은 이것이 잘못 들어선 길이라 여기고 농사를 짓게 된 것에 안도하고 있다. 그러나 전원생활이 즐겁다고는 해도 생활고는 어쩔 수 없어 죽으로 끼니를 때우는 것이나마 다행스럽게 여기는 모습이다.

농부의 일

사람의 마음은 해와 달 같아
본래 모두 맑고 깨끗하건만
이익과 욕심에 눈이 멀어
어지럽게 다투며 경쟁하누나.
농부의 일 비록 고달프긴 하지만
본래의 성품을 지켜 주는 일이라네.
어깨를 으쓱이며 아첨하는 이들 보면
여름철 농사일 힘들 것 하나 없다네.

人心如日月, 本來皆淸淨, 利欲多蔽晦, 紛紛事趨競, 農夫雖作苦, 却不枉天性,
君看聳肩子, 夏畦未爲病.

'농부의 일은 본래 성품을 지켜 주는 일'이라는 말의 의미가 깊다. 노동이 물화(物化)되고 자신의 생산에서 날마다 소외되어 가는 오늘날의 도시인에게 농업은 그래서 귀중하다.

기암자에게

똑똑 떨어지는 낙숫물 소리
온종일 쉼 없이 들리는구려.
사는 집은 비좁고 축축하고
골목길은 온통 진흙탕일세.
본래부터 왕래가 드물었으니
소식이 끊겼다고 이상할 거 없겠지.
나는 지금 병중(病中)인데다
거리낌 없이 지내는 걸 좋아한다네.
글 읽기 좋아하던 취미도
지금은 모두 시들해져서
작은 창에 기대어 쉬며
관(冠)도 벗고 웃옷도 벗고
고요히 사물의 이치를 관조하면
번뇌가 절로 씻겨 나가네.
우주 속에 함께 살아가는 뭇 생명
만물은 하나의 지혜로 모이나니
높은 곳에 오르든 낮은 곳으로 내려오든

잘나고 못나고는 따질 수가 없네.
기왓장도 조약돌도 각기 쓸모가 있으니
어찌 홀(笏)이나 제기(祭器)를 부러워할 것이고
붕새가 하늘 끝까지 날아간다지만
어찌 참새 새끼를 우습게 여기겠는가?
통달한 사람은 무엇에 얽매인 마음이 없어
마음이 항상 넓고 평탄하니
그대는 장자(莊子)의 소요(逍遙)를 보게나
어찌 머리를 싸매고 유가 경전을 배우겠나.
책상 하나에 바둑판 하나
약 달이는 화로에 찻잔 몇 개.
이것으로 한평생 부족함이 없으리니
애써 고민하며 살 거 뭐 있겠나.
도성 서쪽에 사는 기암자(畸庵子)는
정말 잘 통하는 내 친구건만
둘 다 병들어 서로 마음 아파할 뿐
자주 정을 나눌 기회가 없구나.

―

浪浪簷間雨, 盡日聲不斷. 弊居苦湫隘, 門巷泥濘滿. 本自寡往還, 何怪今絶罕.

伊我方抱病, 性復愛散誕. 舊嘗嗜讀書, 而今此亦懶. 小窓寄息偃, 露頂且裸袒.
靜居觀物理, 煩心自滌浣. 群生共宇內, 萬品歸一算. 登高與居下, 未可較長短.
瓦礫各有適, 何曾慕珪瓚. 大鵬彌天隅, 詎可小鷇卵. 達人貴無累, 心地恒蕩坦.
君看逍遙周, 豈學呻吟緩. 詩牀及棋局, 藥爐兼茶盌. 自足了生涯, 無爲强悶懣.
城西畸庵子, 實我同志伴. 同病但相憐, 無由數吐欵.

절친한 벗 정홍명에게 보낸 시이다. 기왓장과 조약돌, 제기와 홀 사이에 차별이 없고 커다란 붕새와 참새 새끼 사이에 차별이 없는 것처럼, 물질적으로 풍요로운 삶과 그렇지 않은 삶 사이에도 아무런 차별이 없음을 시인은 말하고자 하는 듯하다.

욕심을 버리고

마음에 맞지 않는 서울을 떠나
오만한 마음으로 돌아온 바닷가.
사람들과 떨어져 외로이 지내던 몸
은둔했으니 누구와 친하겠나.
아내는 원망하는 기색도 없이
물 긷고 방아 찧으며 가난을 달게 여기네.
나는 한가한 정취 한껏 느끼며
오면가면 천진난만하게 지낸다오.
먹을거리에 대해선 묻지를 마오
이웃과 잘 어울리는지도 묻지 마오.
그저 인연 따라 먹고 마시며
노래하고 시 읊는 게 마음에 좋지.
구름이 몰려와 때마침 비를 뿌리니
고루 풀어지는 따스한 흙 기운.
하늘 이고 흙 밟으며 밭을 일구다
봄날의 꽃과 버들 감상한다오.
상자(尙子)는 가난이 부귀보다 낫다는 걸 알았고

공자도 떠도는 신세를 기꺼워하였다네.
행동을 삼가 헛되이 이익 좇지 말고
행복하든 불행하든 하늘의 소리를 들어야 하리.

―

睽違去京輦, 偃蹇歸海濱. 離群旣孤介, 遯世誰與親. 家人無怨色, 井臼能安貧.
閑居大有趣, 往復任天眞. 不許問升斗, 且可會比隣. 飮啄只隨緣, 吟嘯足頤神.
屯雲作時雨, 土脈暖漸勻. 載履耕稼地, 因觀花柳春. 向子識損益, 仲尼甘旅人.
愼无妄趨營, 否泰聽洪鈞.

시골로 갓 돌아와 즐거움과 으쓱함을 동시에 느끼는 시인의 마음을 읽을 수 있는 시이다. 욕심을 버리고 '하늘의 소리'를 들으라는 마지막 구절에 시인이 전달하고자 하는 핵심적인 메시지가 들어 있다.

최명길에게

바닷가의 내 친구
새로운 시 보내왔네.
머리는 빠지고 노쇠해져 가지만
곧은 충정은 생생히 살았네.
경치 좋은 옛 은거지를 찾아가느라
벼슬살이 덧없는 영화 내버렸다네.
외딴 숲 속 작은 집
창밖으론 넓은 들판.
보리밭은 구름이 날리듯 살랑살랑
밤나무 꽃은 바람에 날려 한들한들.
모든 걸 혼자서 읊조리는 그대와
남은 인생 농사나 함께 지어 볼까.
세상은 한가로운 사람을 시샘하고
하늘도 서생(書生)을 곤란케 하지만
장자(莊子)의 높은 안목 배워
잘되고 못되고를 하나로 보고 싶네.

故人江海上, 詞賦有新聲. 短髮蒼蒼改, 危衷耿耿明. 煙霞尋舊隱, 簪笏謝浮榮. 小屋依林僻, 虛窓瞰野平. 雲翻麥浪動, 風送栗花輕. 萬事惟孤嘯, 餘生共耦耕. 物情猜散客, 天意困書生. 欲學蒙莊叟, 高觀等毁成.

최명길은 삼십대를 전후하여 관직을 삭탈당하고, 어버이의 상을 당한 이후로 벼슬을 하지 않았는데 이 시는 아마도 이러한 최명길의 상황을 염두에 둔 내용이 아닐까 한다. 시련에 빠져 홀로 된 친구에 대한 위로와 그런 상황에 좌절하지 말라는 권고를 담고 있는 시이다.

자연을 따르는 지혜

자연의 솜씨

　초(楚)나라 공자(公子)는 정교한 조각품을 좋아하여 기묘한 솜씨가 있다고 소문난 자들을 후한 대우로 불러들였다. 그래서 끌과 칼을 잡고 그 아래에서 일하는 자들이 수백 명이었다. 하루는 초나라의 수도 영(郢) 땅 사람으로, 나라 안에서 제일가는 솜씨를 가진 이가 공자를 찾아와서 제 자랑을 하였다. 공자가 그의 기술에 대해서 묻자 그는 이렇게 대답하였다.
　"저는 나무와 돌로 진짜와 구별할 수 없을 만큼 비슷하게 길짐승과 날짐승, 곤충과 물고기를 만들 수 있습니다."
　공자는 매우 기뻐하며 풍성하게 음식을 대접하고 천금(千金)을 주면서 화려한 집에 거처하게 하였다. 석 달 뒤 그가 원숭이 한 마리를 조각하여 운몽(雲夢) 늪[1] 에 두었더니, 짝 잃은 어미 원숭이가 좋아하면서 보름이 지나도록 떠나가지 않았다. 공자는 놀라운 재주라 생각하고는 이를 가져다 보배로 삼았다.
　어느 날, 동곽(東郭) 선생이 제(齊)나라를 출발하여 길을 가다가 이 지방을 지나게 되었다. 공자는 나서서 조각품을 자랑하였다.
　"공수반(公輸般)이나 묵적(墨翟)[2] 의 솜씨라도 이만할 수 있

---

[1] 운몽(雲夢) 늪: 초(楚)나라의 일곱 늪 가운데 하나로, 사방 구백 리의 큰 늪이었다고 한다.
[2] 공수반(公輸般)이나 묵적(墨翟): 춘추전국 시대의 인물로 두 사람 모두 손재주와 기술이 뛰어나기로 유명했다.

겠습니까?"

동곽 선생은 손뼉을 치며 크게 웃었다.

"공자가 추구하는 솜씨가 수준이 형편없구려."

공자가 발끈하여 낯빛을 바꾸고 말하였다.

"저 영 땅 사람의 솜씨는 가짜를 만들어 진짜를 감동시키는 수준이니, 이는 전에 들어 보지 못한 일입니다. 그런데도 선생께서는 이를 형편없다고 하시니, 이보다 더 뛰어난 솜씨도 있단 말입니까? 선생께서는 어찌 큰소리를 치십니까?"

동곽 선생은 말하였다.

"공자가 유독 무극자(無極子)의 솜씨에 대해서만은 들어 보지 못했나 보구려. 무극자의 솜씨는 세상에서 으뜸인데, 일찍이 사람들이 언급한 적도 없고 또 사람들이 언급하려야 할 수도 없었다오. 공자는 한번 들어 볼 텐가?"

공자가 대답하였다.

"예, 무극자의 솜씨에 대해서 듣고 싶습니다."

동곽 선생이 말하였다.

"무극자의 솜씨는 보되 눈으로 보지 않고, 작업을 하되 손으로 하지 않고, 생각하되 마음으로 하지 않으며, 새기되 연장을 쓰지 않는 솜씨라네. 무늬나 채색이 없이도 화려하고, 털이나 깃 없이도 꾸밈새가 있지. 자연에 근본을 두고 무위(無爲)를 본체로 삼아 원기(元氣)를 운행시키는데, 음양(陰陽)을 그릇으로 삼고 오행(五行)을 재료로 삼아 사계절에 따라 움직이게 하면서 바람과 비로 변화를 주고, 날개를 달아 하늘을 날게 하고 다리를 붙여 대지를 달리게 하지.

그리하여 나무뿌리·풀뿌리·꽃·열매 등과 날짐승·길짐승·물고기·갑각류 등의 기운을 막히게도 하고 통하게도 하고, 구멍을 열리게도 하고 닫히게도 하고, 모나고 둥글고 길고 짧은 모양을 갖추게 하고, 희고 검고 검붉고 노란 색깔을 띠게 하니, 모든 사물을 빠짐없이 갖추어 하늘과 땅 사이에 가득 차게 하는 것이 모두 무극자가 하는 일이라네. 그렇지만 무극자는 스스로 솜씨가 있다고 생각해 본 적이 없으며, 물어도 대답하지 않으며, 구해도 주지 않고서 은근하게 홀로 태허(太虛)의 뜰에 거처하고 있지.”

공자가 깜짝 놀라 말하였다.

“무극자의 솜씨가 그렇게 정교한가요? 어떻게 해야 제가 그분을 모셔 올 수 있을까요? 원컨대 선생님을 통해 청해 보았으면 합니다.”

동곽 선생이 말하였다.

“무극자는 일찍이 공자와 떨어져 있은 적이 없소이다. 단지 공자가 찾지 못했을 따름이지. 공자가 그를 꼭 데려오려 한다면 무엇보다 깨끗이 목욕재계하고 마음을 씻어 내야 할 것이네. 그리고 머리 쓰는 일을 그만두고, 하고 싶은 일을 끊고, 이기심과 위선이 마음을 어지럽히지 못하게 하고, 고요히 홀로 신명(神明)과 함께 거하기를 석 달 동안 하면 무극자가 있는 곳이 어느새 눈앞에 보일 것이네.

그런 다음, 보고 듣는 것을 순수하게 하고 동작을 한결같이 하여 모나면서도 둥글게 하고, 움직이면서도 고요하게 하고, 하는 것이 없으면서도 하지 않는 것이 없게 하여 하늘의 법칙과 부합하도록 하면, 그런 뒤에야 공자는 비로소 무극자를 마음대로 부릴 수 있을 것이네.

무극자를 부릴 수 있게 되면 자신의 솜씨로 천지의 조화(造化)를 이루어 내어 삼라만상이 모두 자신의 물건이 될 것이네. 하늘과 땅을 다듬어 만들고, 해와 달을 맷돌처럼 돌리고, 바람과 구름을 말았다 폈다 하고, 산과 강을 쪼고 파내어 무엇이든 모두 내 작품이 되지. 그런데 나는 일찍이 이런 일을 한 적이 없으니, 천하 제일의 솜씨를 가진 자라 할지라도 어떻게 무극자에 비할 수 있겠는가. 이런 걸 모르고 나무와 돌에 새긴 것을 최고의 솜씨라고 하다니 너무나 어리석구려."

선생의 말이 끝나지도 않았는데 공자는 망연자실하여 정신을 차리지 못하고 대답이 없었다.

이 글에서 공자는 자연에 근사(近似)한 인간의 기교를 최고로 여기다가 동곽 선생과의 대화를 통해 무극자(無極子)의 솜씨가 최고라는 것을 알게 되고, 무극자가 사람이 아닌 자연 그 자체임을 알고 망연자실한다. 이 글은 「우언(寓言)」의 첫 번째 이야기로, 인간의 인위적인 솜씨로 재주를 부리기보다는 자연에 순응하여 천지만물을 자신의 것으로 받아들일 것을 권유하는 내용으로 보인다.

있으면서 없는 것

안회(顏回)가 공자(孔子)에게 여쭈었다.

"지금의 천지(天地)가 있기 전에도 사물이 있었습니까?"

공자가 말하였다.

"지금의 천지가 있기 전에 이미 다른 천지가 있었다면 지금의 천지가 어찌 있을 수 있겠는가? 또 지금의 천지가 있기 전에 아무런 사물도 없었다면 지금의 천지가 어찌 있을 수 있겠는가? 그러니까 지금의 천지가 있기 전의 사물은 있으면서도 있는 것이 아닌 그런 것이다."

안회가 말하였다.

"있으면서도 있는 것이 아니라는 것은 무엇입니까?"

공자가 말하였다.

"보려 해도 보이지 않고, 들으려 해도 들리지 않고, 잡으려 해도 잡히지 않는다는 것이다. 해처럼 저 위에서 빛나는 것도 아니고, 구체적인 모양을 갖추고 이 아래에 있는 것도 아니다. 크게 한 덩어리가 되어 있어 이름을 붙일 수도 없고 구분할 수도 없다. 이것이야말로 천지의 어머니요 만물의 조상이라 할 것이니, 이것이 '무극'(無極)이라고 할 때의 '극'(極)이다. 그래서 있으면서도 있는 것이 아니라고 했으니, 있으면서도 있는 것이 아니고 있는 것이 아니면서도 있는 것을 그대는 사사로운 마음을 버리고 생각해 보아라."

「우언」(寓言)의 두 번째 이야기로, 이 글은 바로 앞의 글과 연관시켜 이해해야 한다. 여기서의 '무극'은 앞의 글의 '무극자'라는 가상의 존재와 상통한다. '극'은 '크게 한 덩어리가 되어 있어 이름을 붙일 수도 없고 구분할 수도 없다'라는 형용으로 보건대 카오스(chaos)적인 성질을 띠고 있고, 그러기에 '극'은 존재하면서도 존재하지 않는 것, 곧 '무극'이다. 요컨대, 규정할 수 없이 편재(遍在)해 있으면서도 엄연히 현존하는 것이 자연이라는 것이다. '안회'는 공자의 수제자이다.

삶과 죽음은 하나다

1

만물은 하나로부터 생겨나 각기 '내'가 된다. 내가 나를 나라고 생각하는 것은 다른 사람들이 자기를 자기라고 생각하는 것과 같다. 다른 사람이 아프고 가려울 때에 나는 그것을 느끼지 못하고 내가 그럴 때에는 다른 사람이 그것을 느끼지 못한다. 몸이 나누어져 생긴 거리가 어찌 이렇게 커졌나? 살아 있을 때는 각기 나는 나, 남은 남으로 살지만 죽은 뒤에는 함께 하나로 돌아가 나도 없고 남도 없다. 옛 현인(賢人)은 죽음을 참이라 여기고 삶을 거짓이라 여겼는데, 그 역시 이런 사실을 알고 있었으리라.

2

배가 고파 음식을 먹으려 할 때는 잠깐도 몇 달 같지만, 배가 부르면 먹는 것을 잊는다. 힘들어 쉬려 할 때는 지척도 천 리 같지만, 편안해지면 쉬는 것을 잊는다. 이를 통해 안으로 만족하고 있는 사람은 바깥의 상황에 구애되지 않는다는 사실을 알 수 있다. 그렇다면 영예나 치욕도 바깥의 상황일 뿐이니 시장 길에서 쇠사슬에 묶이거나 길거리에서 구걸을 하게 되더라도 부끄럽지 않을 것이고, 보석으로 치장하고 수레를 타더라도 영예롭지 않을 것이다. 마찬가지로 삶은 낮, 죽음은 밤과 같다는 것을 알게 되면, 팽조(彭祖)나 노담(老聃)의 장수(長壽)를 부러워하지 않을 것이고 요절한 이를 슬퍼하지 않을 것이다.

3

만물은 본래 하나였는데 몸이 나누어지면서 서로 단절되었다. 몸은 밖에서 단절되고 정신은 내부에 갇혀, 나와 남이 서로 통하지 않게 되어 마침내 이기심이 생겨났다. 그리하여 좋고 싫음에 따라 서로 빼앗고, 이익과 손해에 따라 서로 공격하여 싸움이 번지고 혼란이 야기되었으니 참 측은한 일이다. 이기심을 극복하면 몸이 장애물이 되지 않고, 순리대로 하면 정신이 갇히지 않을 것이니, 그러면 남이 내가 되고 내가 남이 되어 만물이 하나의 틀 안에 들어오고 삶과 죽음도 같은 것이 될 것이다.

4

　북극의 아래와 남극의 위가 몇 억만 리나 되는지 나는 모른다. 동해의 서쪽과 남해의 북쪽이 몇 억만 리나 되는지 나는 모른다. 혼돈의 시작부터 내가 태어나기 전까지는 얼마나 많은 시간이 흘렀을 것이며, 내가 죽은 뒤 세상의 종말까지는 또 얼마나 많은 세월이 흐를 것인가. 하늘과 땅은 무궁하고 과거와 현재는 다함이 없으니, 그 속에서 만물이 생겼다 사라지는 것이야말로 있기도 하고 없기도 한 것이다. 보잘것없는 내 몸은 세상 만물 가운데 하나일 뿐이니 티끌이나 터럭보다 더 작은 존재요, 부싯돌 불이나 번갯불보다 더 빨리 지나가는 존재이다.

5

　사람들은 요(堯)임금·순(舜)임금의 지혜, 공자의 학문이나 팽조(彭祖)의 장수, 우(禹)·직(稷)의 공적, 주공(周公)의 예법(禮法), 백이(伯夷)의 절개, 맹분(孟賁)·하육(夏育)의 용맹스러움 등을 대단하게 여기지만 모두 덧없는 것일 뿐이다. 홀연히 나타났다가 어느새 없어지고 마니 있는 것은 잠시요, 없는 것이야말로 정상이라고 하겠다. 그런데도 세상 사람들은 바야흐로 헛된 명예와 이익을 바라고 귀한 신분이 되고 오래 살기를 바라면서 멍한 정신으로 이익과 손해, 명예와 치욕을 따지느라 마음을 괴롭히고 있으니, 참 서글픈 일이다.

다섯 편의 글은 일관되게 삶과 죽음이 본질적으로 같다는 사실을 역설하고 있다. 나와 남이 지금은 비록 육신으로 분리되어 있지만 죽은 뒤에는 구분이 없어진다는 사실, 죽음은 또다른 삶이라는 사실, 영원의 눈으로 보면 인간의 생명은 한순간의 빛이라는 사실 등을 통해 장유는 살아서의 이기심과 욕심은 부질없는 것임을 말하고 있다.

붓 이야기

쥣과(科)에 속하는 동물로 색깔이 노란 것을 보통 족제비라고 하는데, 평안도와 함경도 지방의 산에 많이 서식하고 있다. 족제비는 꼬리털이 좋아 붓의 재료로 쓰는데, 황모필(黃毛筆)이라고 부르는 그 붓보다 더 좋은 붓은 세상에 없다.

내 친구 이생(李生)이 글씨 쓰기를 좋아하여 전에 어떤 사람에게 부탁해서 그 붓을 얻었는데, 털이 좋고 가늘며 반질반질 윤기가 나 기가 막히게 좋은 붓이라고 생각하였다. 그런데 붓을 털어 꺾어 보니 그 속이 불룩한 것이 이상했다. 먹을 적셔 시험 삼아 글씨를 써 보니 붓이 구부러지고 꺾여 글씨가 제대로 써지지 않았다. 자세히 살펴보니 그 속은 개털이었고, 겉만 윤기 나고 좋은 족제비 털로 싼 것이었다. 이생은 황당하여 탄식을 했다.

얼마 뒤 이생이 나에게 그 이야기를 해 주면서 말했다.

"이는 분명히 붓을 만든 사람이 남을 속이는 데 재주가 있어서 아무도 진짜인지 가짜인지 분별하지 못한 것입니다. 그래서 그 치사한 물건을 팔아먹은 것입니다. 사람의 마음이 이렇게까지 탐욕스러울 수 있단 말입니까?"

이에 나는 말했다.

"자네는 어찌 유독 이런 일만 괴이하게 여기는가? 오늘날 이른바 사대부(士大夫)라고 하는 자들을 보더라도 이 붓과 같은 경우가 적지 않다네. 몸을 의관(衣冠)으로 감싸고 언어를 그럴듯하게 구사하며, 걸음걸이를 법도에 맞게 하고 낯빛 역시 근엄하게 꾸미고 있어 모두 군자(君子)요 올바른 선비 같아 보이지. 그러나 남이 보지 않는 곳에서 이해(利害)가 걸린 상황을 만나게 되면 모두 평소의 뜻을 바꾸어 욕심을 부리고, 옳지 못한 마음을 품고 의롭지 못한 행동을 한다네. 곧, 좋고 윤기 나게 겉모습을 꾸민 개털이라 할 것이니 이 붓과 전혀 다를 것이 없네. 그런데도 사람들은 제대로 보지 않고 겉만 보고 속도 그러려니 해 버린다네. 그래서 간사한 사람이 나라를 어지럽히면서도 후회하지 않는 것이지. 지금 자네는 이런 걱정은 하지 않고 붓만 괴이하게 여기고 있으니, 또한 유추(類推)할 줄을 모른다고 해야 할 것일세."

이생은 좋은 말을 들었다고 하였다. 이에 그 이야기를 기록해 둔다.

족제비 털로 싼 개털 붓으로 겉과 속이 다른 사람들을 풍자한 글이다. 사회적 지위가 높고 고상한 것처럼 보이는 사람일수록 실은 개털 붓과 같은 경우가 많은 건 예나 지금이나 비슷한 모양이다.

대숲에 부는 바람

정자(程子)는 "대숲에 바람이 불면 대숲은 무심한 상태로 느껴 반응한다"라고 하였다.

전주(全州) 최자겸(崔子謙)[1]이 정자의 바람과 대나무에 관한 말을 취하여 당호(堂號)로 삼았기에, 내가 일찍이 그 뜻을 짐작하여 나음과 같이 권면(勸勉)하는 글을 지어 주었다.

느끼면 반응하는 신기한 이치는 천(天)·지(地)·인(人)에 공통된 것이다. 그런데 어째서 천(天)과 인(人)이 다른 것일까? 그것은 마음이 있고 없고의 차이이다. 하늘과 땅의 속성은 알기 쉽고 따르기 쉬운 것이어서 소멸하고 생장하고 굽혀지고 펴지는 것 모두가 거짓 없이 자연스럽게 이루어지고 있다. 식물도 지각(知覺)이 없으니 하늘과 땅의 부류라 하겠다. 건드리면 움직일 뿐 거기에 사사로운 마음은 없다. 예를 들어 보면 쉽게 알 수 있는데, 대나무를 통해 살펴보는 것이 좋겠다. 곧게 뻗어 빽빽하게 숲을 이루고, 가지와 잎이 차례로 나란히며, 휘지도 기울지도 않은 대나무는 단정한 선비가 두 손을 마주 잡고 옷자락 끝도 움직

---

[1] 최자겸(崔子謙): 최명길(崔鳴吉, 1586~1647)을 가리킨다. 자겸(子謙)은 그의 자(字)이다.

이지 않는 모습 같다.

그런데 불어오는 저 바람은 누구의 숨결인가. 텅 빈 곳에서 서서히 일어나 격렬하게 밀어닥쳐서는 부딪히는 것을 삽시간에 흔들고 무너뜨려 버린다. 산들바람으로 솔솔 불기도 하고 회오리바람으로 몰아치기도 하며, 고개 든 것은 숙이게 하고 굽힌 것은 치켜들게 한다. 강한 줄기는 크게 눕고 약한 가지는 조금씩 쏠리는데, 대나무가 기우는 모습은 취한 듯하고, 흩날리는 모습은 춤추는 듯하고, 구부러지는 모습은 절하는 듯하고, 부딪는 모습은 싸우는 듯하고, 바람이 쏴아 불 때는 놀라는 듯하고, 느긋하게 흔들릴 때는 즐거워하는 듯하다. 이렇게 끝없이 다양한 모습을 보여 주지만 대나무 제 의지로 그렇게 되는 것은 하나도 없다.

그러다 홀연 바람이 멎으면 숙인 것은 숙인 대로, 치켜든 것은 치켜든 대로 예전의 모습으로 다시 돌아간다. 소리도 사라지고 모습도 가다듬어 아무 일 없었던 것처럼 조용해진다. 일거수일투족을 바람이 부는 대로 따라서 할 뿐이니 마치 그림자가 형체를 따르듯 모든 행동이 제 것이 아니요, 느끼고 반응하는 것이 자극대로임을 분명히 알 수 있다. 대나무가 비록 미물이긴 하지만 지극한 이치가 그 속에 있는 것이다.

사람이 천·지·인 삼재(三才)에 드는 것은 오직 훌륭한 지각을 갖고 있기 때문인데, 사람은 이 때문에 귀하게도 되고 이 때문에 잘못을 저지르기도 한다. 바깥의 사물이 내게 영향을 미칠 때에는 각각 하늘의 법칙이 있으니, 그 이치대로 반응하면 누군들 하늘과 같지 않겠는가.

그러나 사람은 형체와 기운의 구속을 받는가 하면, 좋아하고 싫어하는 감정을 갖게 되고, 이 때문에 생긴 욕망에 따라 움직여 급기야 편벽된 행동까지 한다. 성인께서는 이런 점을 걱정하여 길이 간직할 교훈을 주셨으니 주정(主靜)[2]과 극기(克己)[3]와 경직의방(敬直義方)[4]이 그것이다.

탁 트인 마음을 가진 공평무사한 사람에게 내외(內外)의 구분이 어디 있겠는가. 떠나보낼 것도 받아들일 것도 없이 숨기지 않고 반응하면 된다. 이를 '정성'(定性)이라고 하는데, 바로 하늘의 덕을 상징한다. 이렇게 되면 하늘과도 어긋나지 않을 것이니, 하물며 바람과 대나무야 말할 것이 있겠는가.

옛날부터 어떤 현상을 보면 거기에 담긴 진리를 생각하게들 마련이었다. 공자(孔子)는 냇물에서 지혜를 얻었고, 주돈이(周敦頤)는 뜰에 난 잡초의 뜻을 헤아려 뽑지 않았으니, 앞의 정자의 말도 대개 이와 같은 이치라고 하겠다. 성현의 뜻은 말없이 서로 통하는 것이니, 학자는 그것을 몸소 실천해야 한다. 아, 그대가 이 바람과 대나무의 이야기를 취한 것이 어찌 겉으로 음미하기 위해서만이겠는가. 사물을 관찰하여 자신을 돌아보고 이름을 통

---

[2] 주정(主靜): 마음을 고요히 하여 바깥의 사물에 이끌리지 않는 상태. 송나라 유학자들의 수양법이다.
[3] 극기(克己): 사사로운 욕심을 이겨 내는 것.
[4] 경직의방(敬直義方): 경건한 자세로 마음을 바루고, 의(義)에 입각하여 자신의 행동을 단속하는 것.

해 실제를 구하기 위함일 것이니, 그렇다면 어딜 간들 대나무가 없을 것이며 어딜 간들 바람이 없겠는가. 눈으로 보면 도(道)가 있을 터이니 이제 나는 그만 말하련다.

장유는 대숲에 바람이 불면 대나무가 바람의 움직임에 따라 그대로 반응하는 것처럼, 사람도 외부의 자극에 따라 꾸밈없이 반응하는 것이 하늘의 뜻을 따르는 길이라고 말한다. 욕심이나 억지를 부리지 말고 주변의 상황에 순응하여 행동하라는 것이다.

갈매기의 지혜

『열자』(列子)에 이르기를, '바닷가에 사는 사람이 갈매기와 놀곤 하였는데 한번 다른 마음을 먹자 갈매기가 내려와 앉지 않았다'라고 하였다.

어떤 생각이 조금이라도 마음에 싹트게 되면, 그것이 꼭 겉으로 드러나지 않더라도 나와 남은 서로 의심하고 방어하게 되니, 이 어찌 '아주 작은 것도 다 드러나니 성(誠)은 가릴 수가 없다'라는 말과 통하지 않겠는가? 그런데 인위적인 행동을 하는 무리들은 겉을 꾸며 속마음을 숨기려 하고, 날마다 졸렬한 꾀를 내느라 마음을 괴롭히고 있으니 대체 무슨 이익이 있단 말인가?

나는 이와 관련해 또 몇 가지 느끼는 바가 있다. 갈매기는 저밖에 모르는 미물이지만, 이상한 기미를 알고 날아가 위험을 피하고 몸을 보호하는 지혜가 그처럼 밝았다. 사람은 만물의 영장으로, 시서(詩書)를 배우고 성현(聖賢)을 본받는 사람들을 세상에서는 현사(賢士)요 군자(君子)라고 일컫는다. 그런데도 사람의 지혜가 갈매기만 못할 때가 종종 있으니, 나는 이것이 무척 이상하고 이해가 잘 가지 않는다.

바야흐로 진시황의 시대가 되어 갖은 형벌로 천하의 선비를 탄압하자 온 세상 사람들이 두려움에 떨기를 마치 진흙탕에 빠지고 숯불에 떨어진 듯이 하였다. 그런데 어떤 선비들은 다른 사람 모시기를 좋아한 나머지 사사로이 잘 먹고살게 해 주는 것에 감지덕지하여 그를 가까이에서 받들며 살 길을 찾았다고 여겼다. 그러나 진시황은 심기를 건드려 노하게 한 자를 하루아침에 베어 버리고, 경악할 만한 성품을 드러내어 선비들을 모두 구덩이에 묻어 죽이라는 명을 내렸으니, 결국 이 선비들은 천고의 웃음거리가 되고 말았다.

후한(後漢) 말기에는 환관의 무리들이 천명을 거스르고 국법을 멋대로 가지고 놀며 이름난 선비들을 원수처럼 여겼으니, 선비들은 걷잡을 수 없는 불길처럼 타오르는 그들의 위세 근처에 가지 말아야 할 것이었다. 그런데도 준수한 선비의 무리들이 구구한 명분과 의리를 버리지 못하고 서로 고상하다고 내세우다가 위태로운 상황을 자초하여 자신도 참혹하게 죽고 나라도 망하게 하고 말았다. 그때의 끔찍함은 일찍이 볼 수 없던 것이었다.

그런가 하면 소부(蕭傅)는 소광(疏廣)과 소수(疏受) 같은 선견지명이 없어 위태로운 조정에서 절개를 세우며 항거하다가 결국 독약을 마시고 자결하였고,[1] 육기(陸機)는 계응(季鷹)처럼 고매하게 처신할 줄을 모르고 혼란스러운 시대에 몸을 맡겨 억울한 형벌을 당하고 말았다.[2] 역사를 두루 살펴보면 이러한 일

---

[1] 소부(蕭傅)는~자결하였고: 소부는 한(漢)나라 원제(元帝)의 사부(師傅)였던 소망지(蕭望之)로, 간신의 모함으로 독약을 먹고 자결하였다. 한편, 소광(疏廣)과 소수(疏受)는 한나라 선제(宣帝) 때 황태자의 태부(太傅)로 있었던 이들로, 두 사람은 관직과 명예가 높아지면 위태하다고 여겨 오 년 만에 사직하고 고향으로 돌아갔다.

[2] 육기(陸機)는~당하고 말았다: 육기는 진(晉)나라 사람으로, 태안(太安) 초에 장사왕(長沙王) 예(乂)를 토벌하러 갔다가 군대가 패하는 바람에 군중(軍中)에서 처형된 인물이다. 한편, 계응(季鷹)은 진(晉)나라의 장한(張翰)이라는 인물로, 그는 벼슬을 하다가 가을바람이 불어오자 순채국과 농어회가 생각난다며 사직하고 고향으로 돌아갔다.

들이 이루 헤아릴 수 없이 많다.

그런 일을 당한 사람들을 보면 모두 뛰어난 재질과 다른 사람을 뛰어넘는 식견을 지니고 있었으면서도, 자기 몸을 보호하는 지혜는 갈매기에도 미치지 못했으니, 그야말로 공자(孔子)가 말한 '새만도 못한 사람'일 것이다. 이 때문에 『주역』(周易)에서는 기미를 아는 것을 중요하게 여겼고, 『시경』(詩經)에서는 이치를 분명히 살펴 일을 처리해야 몸을 보전할 수 있다고 하였던 것이다. 사람들은 이런 뜻에 대해 말은 잘하면서도 제대로 실천하는 경우는 에부디 드물었으니 참 슬픈 일이다.

기러기가 하늘 멀리 날아가면 사냥꾼도 단념하건만 기러기는 떨어진 곡식을 쪼아 먹을 욕심에 주살에 맞는 것도 알지 못한다. 또 물고기가 깊은 물속에서 헤엄치며 느긋하게 즐기노라면 누구도 잡을 수 없건만 물고기는 맛있는 미끼에 끌려 낚싯바늘을 삼키면서도 후회할 줄을 모르는 것이다.

바다 갈매기가 기색만 보고서도 날아가 버린 것은 욕심에 마음이 흔들리지 않았기 때문이다. 한번 이익에 눈이 어두워지면 신령스러운 용(龍)도 잡아서 젓갈로 만들어 먹을 수 있다. 아! 갈매기처럼 그렇게 할 수 있는 사람을 나는 따르고 싶다. 주살에 맞지도 않고 그물에 걸리지도 않고 드넓은 만 리를 날아올라 그 얼마나 느긋하게 노닐겠는가.

『열자』에 나오는 갈매기는 늘 사람의 곁에 잘 내려앉다가 그 사람이 갈매기를 잡으려는 생각을 품자 금세 알아채고 다시는 그 곁에 가지 않았다고 한다. 순간의 이익에 눈이 멀어 목숨을 잃을 위험을 자초하는 사람의 모습은 곡식에 눈이 멀어 사냥꾼의 주살을 맞는 기러기나 미끼에 눈이 멀어 낚싯바늘을 물고 마는 물고기와 같다.

굽은 나무와 굽은 선비

이웃에 장생(張生)이라는 자가 살고 있었다. 하루는 장생이 집을 지으려고 산에 들어가 재목을 구하였는데, 빽빽이 자란 나무가 모두 구불구불하고 비틀어져 쓸 수가 없었다. 그런데 산속 무덤가에 자란 나무 한 그루가 앞에서 봐도 곧고, 왼쪽에서 보아도 곧고, 오른쪽에서 보아도 곧았다. 장생은 좋은 재목이라 생각하고 도끼를 들고 다가갔는데 뒤에서 보니 그만 굽어 있었다. 이에 장생은 도끼를 집어 던지고 이렇게 탄식했다.

"아아! 재목이 될 나무는 보면 쉽게 알 수 있고 선택할 때 판단이 쉬운 법인데, 나는 이 나무를 세 방향에서 보고도 쓸모없는 나무라는 것을 몰랐다. 하물며 낯이 두껍고 속마음을 숨기고 있는 사람을 무슨 수로 알겠는가. 말하는 것이 훌륭하고 용모가 준수하며, 작은 행동거지도 삼가 군자라 하지 않을 수 없는 사람도 큰 변고가 일어나 절개를 지켜야 할 상황이 닥치면 본색이 드러나니, 나라가 망하는 것은 항시 이런 자들 때문이다.

나무는 자랄 때에 소나 양에게 밟히지 않고, 도끼나 자귀에 베이지 않고, 비와 이슬을 맞아 밤낮으로 자라면 우뚝 솟아 곧게 뻗는 것이 당연한데도 어쩐 일인지 이렇게 심하게 굽어 쓸모없어지는 경우가 있다. 그러니 하물며 이 세상을 살아가는 사람의 경우야 더 말할 것이 있겠는가. 물욕(物欲)이 참된 성품을 흔들어 놓고 이해(利害) 관계가 분별력을 흐리게 하니 이 때문에 천성이 왜곡되어 본래의 모습을 잃는 경우가 셀 수 없이 많다. 그러니 별나게 행동하며 못되게 구는 사람이 많고 정직하게 행동하는 사람이 적은 것은 하나도 이상할 게 없다."

그러고는 이 일을 나에게 들려주었다. 나는 말하였다.

"잘 보았구나. 그렇지만 나 역시 해 줄 말이 있다. 『서경』(書經) 「홍범」(洪範)에서 오행(五行)에 대해 논할 때 나무〔木〕에 대해서는 구부러지고 또 바르다고 하였다. 그러고 보면 굽은 나무를 재목으로는 쓸 수 없을지 몰라도 굽은 것이 본래 속성이기도 한 것이다. 하지만 사람은 날 때부터 속성이 곧으니, 곧은 행동을 하지 않고도 살아가는 것은 요행(僥倖)이라고 할 수 있다. 그렇다면 사람으로 태어나 정직하게 살아가지 않는데도 죽음을 면하는 것 역시 요행이다.

내가 세상일을 살펴보니 굽은 나무는 보잘것없는 목수도 가져다 쓰지 않거늘, 굽은 사람은 아무리 잘 다스려지는 시대에도 등용되지 않은 적이 없었다. 큰 건물을 한번 보아라. 마룻대나 기둥, 서까래는 물론 구름 모양이나 물결 모양의 장식까지 구부러진 재목을 쓴 경우를 보지 못했을 것이다. 그런데 조정을 한번 보아라. 공경(公卿)과 사대부(士大夫)로서 높은 지위에 올라 조정에서 거드름 피우는 자들치고 곧은 도를 지닌 자는 보지 못했을 것이다. 이렇게 굽은 나무는 늘 불행하지만 굽은 사람은 늘 행복하다.

'거문고 줄처럼 곧으면 길가에서 죽고, 갈고리처럼 굽으면 공후(公侯)에 봉해진다'라는 말도 있지 않은가. 이 말을 보아도 굽은 선비가 굽은 나무보다 낫다는 것을 알 수 있지 않은가."

굽어서 쓸모없는 나무의 비유를 통해서 굽은 선비, 곧 쓸모없는 선비가 등용되는 세태를 풍자하며 비판하고 있는 글이다. 굽은 나무는 목수도 가져다 쓰지 않는데, 굽은 선비는 쓰이지 못하기는커녕 오히려 높은 지위에 오르는 왜곡된 현실을 아무렇지 않은 어조로 비꼬고 있다. 굽은 나무는 늘 불행하지만 굽은 사람은 늘 행복하다.

나의 문집에 대하여

나는 일곱 살에 처음으로 글공부를 시작하여 열 살에는 시서(詩書)와 고문(古文)을 암송하였고, 열다섯에는 대의명분을 알게 되었다. 스물에는 옛글 짓는 법을 배우기 시작하여 같은 해에 진사(進士)가 되었고, 삼 년 뒤에 책문(策文)[1]을 쓰는 과거에 응시하여 합격하였다. 지금으로부터 벌써 십 년 전의 일이다.

나는 어릴 때부터 재주가 뛰어나다고 소문이 잘못 난데다, 과거에 일찍 합격하는 바람에 또래들로부터 꽤 인정을 받아 왔다. 그러나 사실 나는 자질이 우둔하고 답답해서 심사숙고하지 않으면 한 문장도 제대로 쓰지 못한다. 또 병약해서 이를 악물고 책을 읽지도 못한다.

그래서 글을 지을 때에도 대충 옛사람의 법도를 본받아 정신적인 면은 비슷하게 따라가더라도 표현을 솜씨 있게 따라 하지는 못해서 글이 옛글과는 많이 다르다. 한편, 우리나라 학자들은 자질과 노력이 부족해서 일류가 쓴 글이라 해도 사람들을 만족시키지 못하는 경우가 많다. 나 자신도 도무지 글 잘 쓰는 사람이라고 생각할 수가 없었다. 이런 문제 때문에 두려운 마음이 있었고, 두려운 마음 때문에 게으름을 피우게 되어서 가끔 쓴 글도

1_ 책문(策文): 옛날 과거 시험에서 책문(策問)에 답하여 정치에 관한 계책을 서술한 글.

정리해 볼 엄두를 내지 못했다.

    그러다가 얼마 전 죄를 지고 바닷가로 물러나 살면서 마음 붙일 데가 없던 차에 친구들이 간곡히 권유하기에 정리되지 않은 원고를 조금 가져다가 조잡한 내용을 정리하고 사부(詞賦)와 시, 산문 등을 몇 편으로 간추려 네 권으로 정리해서 『장씨의 글』 1부라고 이름 붙였다. 그리고 계속할 수 있으면 2부·3부도 엮어 볼 생각인데, 당분간은 상자 속에 넣어 두고 사람들에게 감히 보여 주지는 않으려 한다.

    내가 재주 없는 사람이긴 하지만 올해 겨우 서른둘이다. 못난 놈이긴 해도 나이는 썩 많지 않으니 계속 노력한다면 조금이라도 발전이 있을 것이다. 훗날 내 글을 보면 과연 어떨지 모르겠다.

    거백옥(蘧伯玉)이 쉰이 되던 해에 49년간의 잘못을 깨달았다고 한 것은 하루하루 발전하려고 노력한 결과요, 한유(韓愈)가 '총명함은 옛날 같지 않고, 도덕은 처음 마음먹은 때보다 못하다'라고 한 것은 자신을 채찍질한 말이라 할 것인데, 한유와 같은 마음가짐이라면 거백옥의 성취를 이루지 못할 염려가 없을 것이다. 그래서 이 글을 써 나의 게으름과 우둔함을 경계하려 한다.

    만력(萬曆) 무오년(1618, 광해군 10) 8월에 덕수(德水) 장씨 장유(張維)가 쓴다.

이 글은 장유가 자신의 문집에 직접 붙인 서문이다. 자신의 글쓰기 내력을 겸손하게 서술하며 스스로를 독려하는 글로, 학문에 대한 그의 성실하고 진지한 태도를 읽을 수 있다.

어르신의 장수 비결

　　동지(同知) 신공(申公)¹⁻은 가정(嘉靖) 계미년(1523, 중종 18)에 태어나 지금 만력(萬曆)²⁻ 을묘년(1615, 광해군 7)까지 사셨으니 추위와 더위를 견뎌 온 지가 벌써 93년이나 되었다. 그런데도 정력이 쇠하지 않아 파리 대가리처럼 잔글씨도 읽을 수 있으며, 크게 썰어 놓은 고깃점이나 딱딱한 포(脯)도 거뜬하게 씹어 넘기곤 한다. 또 높은 누각이나 가파른 섬돌을 오르내릴 때에 지팡이를 짚거나 부축을 받는 일이 없으며, 날쌘 말을 몰고 찾아가 친구를 만나기도 하며, 경조사(慶弔事)나 길흉사(吉凶事)를 만나면 추우나 더우나, 비가 오나 바람이 부나 가지 않는 법이 없다. 그래서 사람들은 모두 '공(公)처럼 장수하는 사람이 있어도 공과 같이 건강하지는 못하고, 공처럼 건강한 사람이 있어도 공과 같이 나태하지 않게 정력적으로 생활하지는 못한다'라고 하니, 모두들 공더러 '걸어 다니는 신선'[地行仙]이라고 한다.

　　이에 주상(主上)께서 공이 고령이라 하여 2품(品)의 벼슬을 올려 주는 특별한 은택을 내리셨다. 공의 맏아들 영천공(靈川公)³⁻이 잔치를 베풀었는데, 그 자리에 참석한 모든 관료가 시문을 지어 그 일을 축하하였다. 그 일이 있은 뒤 영천공이 나에게

1⁻ 동지(同知) 신공(申公): 신벌(申橃, 1523~1616)을 가리킨다. 동지(同知)는 동지중추부사(同知中樞府事)를 뜻한다.
2⁻ 만력(萬曆): 중국 명(明)나라 신종(神宗)의 연호.
3⁻ 영천공(靈川公): 신벌의 아들 신응구(申應榘, 1553~1623)를 가리킨다.

편지를 보내 말하기를, '그대가 비록 이 모임에 참석하지는 못했지만 한마디 해 주어야지'라고 하기에 사양했으나 받아 주질 않았다. 하여 나는 영천공에게 물었다.

"어르신께서 이렇듯 장수하시는 데는 반드시 비결이 있을 것입니다. 일찍부터 초목을 쪄서 가루로 만들어 드시고, 금석(金石)을 달구어 볶아 복용하셨던가요? 역시 일찍부터 호흡법을 익혀 묵은 기운을 뱉어 내고 새 기운을 들이마시면서 양생법(養生法)을 수련하셨던가요? 아니면 역시 예전부터 북두성에 제사를 올리고 신선을 섬기면서 경건히 재계(齋戒)하여 행복과 장수를 기도해 오셨던가요?"

영천공은 다음과 같이 대답하였다.

"아니네. 그런 일은 없었어. 우리 아버님의 생활 습관을 보면 그저 아무 음식이나 드시되 욕심을 부리지 않으시고, 마음 내키는 대로 행하시되 지나친 행동은 하지 않으시지. 배고프면 드시고 목마르면 마시고, 여름엔 갈포(葛布) 옷을 입으시고 겨울엔 가죽 옷을 입으시고, 해가 뜨면 움직이시고 해가 지면 쉬시니 모든 것이 보통 사람들과 같으시다네. 그러니 무슨 비결이 있겠는가?"

이에 내가 일어나 말하였다.

"그렇군요. 그게 바로 어르신이 이처럼 장수하시는 이유입니다. 천하의 일은 구하지 않아야 이루어지니, 바로 무위(無爲)를 통해 이루어지는 것 아니겠습니까? 노자(老子)도 '억지로 하려는 자는 실패하고 잡으려 드는 자는 놓친다'라고 했습니다. 그런데 세상 사람들은 건강에 좋다고 하면 정신없이 쫓아다니면서 오래 살려고 발버둥을 치는데 그런 것치고 어느 하나 사람의 욕심이 아닌 것이 있겠습니까? 욕심을 부리면서 요행수로 하늘의 복을 얻으려 하니 어찌 그런 일이 가능하겠습니까? 지금 어른신께서는 고결한 정신과 뛰어난 체격을 타고난데다 모든 것을 순리대로 하셔서 장수라는 선물을 받으셨습니다. 대체로 어르신은 몸에 좋다는 방법이 있어도 거기에 급급해 하지 않으셨는데, 하물며 몸을 상하게 하는 일은 말할 것이나 있겠습니까? 이런 방법이 극에 달하면 이른바 순수함을 유지하고 자연스럽게 순응하는 경지에 이르러 1,200세까지도 사실 터인데, 백 세도 채 못되어 몸이 쇠하실 리가 있겠습니까."

  영천공이 좋은 말이라고 하였다. 이에 내가 물러나와 시 한 편을 지어 축원하는 나의 마음을 표하였다.

93세는 요즘에도 매우 고령이라 할 수 있으니 신공(申公)은 대단히 장수한 인물임에 분명하다. 그런데 이 장수의 비결이 쉽고도 당연하다. 건강에 좋다는 걸 억지로 하지 않고 보통의 방법으로 무리 없이 살아가는 것이다. 웰빙의 방도는 따로 있는 것이 아니라 그야말로 '자연스럽게' 사는 것이다.

마음의 빛

한강 북쪽 제천정(濟川亭)[1] 서쪽에 몇 칸짜리 작은 집 하나가 강가에 우뚝 서 있다. 규모가 작고 소박하여 띠풀로 지붕을 이고 황토로 벽을 발랐는데, 서까래 머리나 난간에 장식도 없고 화려한 단청이나 조각도 없다. 그렇지만 이 집은 높고 시원스러운 데 자리 잡고 있어서 전망이 탁 트였고, 맑은 강과 푸른 산을 멀리 또 가까이 띠처럼 두르고 있으며, 구름과 안개가 끼고 걷히는 데 따라 아침저녁으로 풍경이 다채로워 경치가 꽤 볼 만하다. 이곳은 바로 나의 벗 정자원(鄭紫元)[2]의 별장이다.

자원은 깨끗하고 정직한 사람으로 도가(道家)의 풍도를 받들었는데, 평소 좋은 경치를 찾아다니길 즐겼다. 일찍이 말 한 필에 양식을 싣고 금강산으로 세 번이나 떠났다가 집에 계신 모친 때문에 다시 돌아오기도 했다. 그리고 과거 시험을 보고 조정의 관료가 되었지만, 평소의 생각을 버리지 않고 이곳에 집을 지어 나무도 심고 정원에 물도 대어 자신을 돌아보고 고요한 마음을 기르는 장소로 삼은 것이다. 이에 이명한(李明漢)이 '야명'(夜明)이라는 편액(扁額)을 써 주었는데, 이는 두보의 '잔야수명루'(殘夜水明樓: 새벽녘 물빛이 누각을 밝히는구나)라는 시구에서

---

[1] 제천정(濟川亭): 세조 2년(1456)에 세워진 한강변의 정자로, 지금의 한남대교 북단에 자리하고 있었다. 한양에서 가장 경치가 좋은 열 곳 중의 하나로 꼽히던 곳으로, 한강변의 정자 가운데 왕이 가장 즐겨 찾은 곳이라고 한다.
[2] 정자원(鄭紫元): 조선 중기의 문신 정두원(鄭斗源, 1581~?). 명나라에 유입된 서양 문물을 우리나라에 수입하는 데 주요한 역할을 한 인물이다.

두 글자를 딴 것이다.

올 여름에 내가 찾아가자 자원은 복건을 쓰고 도복(道服)을 입고 있었는데, 정자에서 나와 함께 마주 보고 노자와 장자에 대해 밤이 깊도록 이야기를 나누었다. 이때 맑은 밤은 고요했고, 만물은 빛깔도 소리도 없는 가운데 오직 보이는 것이라곤 띠처럼 두른 강줄기가 하얗게 빛나는 광경뿐이었다. 그 빛은 허공에서 아득하고 밝게 빛나며 하늘까지 닿아 은하수와 서로 적셔 주며 비춰 주고 있었는데, 흐르는 빛을 타고 출렁이는 빛 그림자들이 정자에 흘러넘쳐 맑고 환한 세계가 활짝 열렸다. 마치 수정의 나라에 온 것처럼 주위 광경이 모두 놀랍고 신기했으며, 몸과 마음이 모두 상쾌해졌다. 자원이 웃으며 말하였다.

"이것이 바로 '야명'(夜明) 아니겠는가? 천장(天章)[3]이 내 정자의 이름을 그렇게 지어 놓았으니, 그대가 이 정자의 기문(記文)을 써 주면 좋겠네."

나는 대답 없이 있다가 천천히 자원에게 말하였다.

"'야명'이라는 이름이 정말 허투루 붙은 게 아니구먼. 하지만 이건 그저 바깥의 풍경일 뿐이야. 강가에 정자를 짓는다면 누구나 이런 경치를 감상할 수 있지. 그대는 진짜 '야명'이 무엇인지 알고 있는가?

신령스럽고 밝은 우리의 본체(本體)는 동서남북과 위아래

---

[3] 천장(天章): 이명한(李明漢)의 자(字).

어느 곳에도 있을 수 있어 일정한 위치도 없고 오고 감도 없으니, 그야말로 낮과 밤으로 한정 지어 말할 수 없는 대상이네. 그렇지만 낮에는 소란스러워 이런 점을 인식하기가 어려우니, 그대는 모든 움직임이 멈추고 모든 소리가 그친 지금 한번 시험해 보게나.

문을 닫아걸고 조용히 앉아 자신의 마음을 돌아보면, 외부의 먼지가 닿지 않는 내부의 풍경이 스스로 펼쳐지면서 하늘의 빛이 뻗어 나와 모든 것을 비추어 삼라만상이 환히 드러나게 될 것이네. 그리하여 비록 해와 달이 비추지 못하고, 가장 눈 밝은 이조차 보지 못했던 것이라 할지라도 고요한 빛 가운데 모두 드러나게 될 것이네.

그렇게 된다면 흙집이나 초가집에 산다 해도 싫지 않을 것인데, 하물며 이처럼 산과 물이 아름답고 하늘과 물이 반짝이며 서로 비추어 외부와 내부가 서로를 일깨워 마음과 풍경 모두가 묘한 경지를 이루는 곳이야 말해 무엇 하겠는가? 대체로 바깥의 풍경에 구애되면 거기에 국한되어 두루 통하지 못하게 되지만, 마음으로 받아들이면 막힘없이 통하게 된다네. 그렇다면 '야명'(夜明)의 뜻은 전자가 되어야 할까, 후자가 되어야 할까?"

이에 자원이 말하였다.

"잘 알았네. 그 말이 내 정자의 기문(記文)으로 충분하겠네."

'야명'(夜明)은 '밤의 빛' 정도로 번역할 수 있는 말이다. 그런데 장유는 이 '야명'의 의미를 바깥 풍경에만 국한시키지 않고, 내면의 '풍경'으로 확장하여 의미를 부여하고 있다. 곧, 밤의 달빛이 만물을 환하게 비추어 주듯 마음의 빛으로 만물의 참된 모습을 볼 수 있다면 그것이 진정한 '야명'이라는 것이다.

빙호 선생 이야기

　　빙호 선생(氷壺先生)의 선대(先代)에는 일족이 매우 번창하였고, 집안은 대대로 청빈하여 늘 산과 들 사이에서 거처하기를 좋아하였다. 이 집안 사람들은 처신이 별로 거만하지 않아 벼슬 못한 사람이나 가난한 선비가 교제하기를 청해도 거절하는 법이 없었다. 그러나 부귀한 자는 달갑게 여기지 않는데, 그리한 가풍(家風)을 계속 이어 왔으므로 많은 시인·묵객(墨客)들이 그 미덕을 칭송하였다.

　　선생은 날 때부터 자질이 빼어난데다 성품이 맑고 고와서 호감을 주었으므로, 사람들의 흐뭇한 칭찬이 끊이지 않았다. 자라서는 관상 보는 이가 선생의 상(相)을 보고 끔찍한 살육을 당하겠다고 했다. 그러다가 송(宋)나라 태종(太宗) 때에 참소를 당해 멸족될 위기에 처하게 되자 염택(鹽澤) 땅으로 옮겨 갔다. 그리고 얼마 지나지 않아 분위기가 많이 달라졌으므로 사람들은 선생이 어려움 속에서 더욱 빛이 날 것으로 기대하였다.

　　이때 학사(學士) 소이간(蘇易簡)이라는 사람이 있었는데, 술을 좋아하고 성격이 소탈하며 호탕하였다. 그는 부귀한 집안의 자제들은 좋아하지 않았고, 쾌활한 기상의 선비를 만나 속마음을 털어놓고 싶은 지가 오래였으나 그런 사람을 만나지 못해 항상 배고프고 목마른 심정이었다. 그러다 선생에 대한 이야기를 듣고는 마침내 자신의 집으로 맞아들여 초라한 방에나마 거처하게 하였다.

하루는 소이간이 숙취 때문에 속이 뜨거워 한밤중에 혼자 뜰을 거닐다가 마침 선생을 눈 속에서 만나 즐겁게 이야기를 나누었다. 선생도 그의 이야기를 귀 기울여 듣다가, 마음을 비우고 배를 채우라고 한 노자(老子)의 뜻과 거친 밥을 먹고 물을 마시는 일에 대해 말했던 공자(孔子)의 즐거움에 대해서까지 말하였다. 소이간이 이 말을 한참 음미하니 기분이 상쾌하고 즐거워져 맛난 고기를 먹는 것보다 더 좋았고, 이후로는 숙취가 싹 사라졌다.

소이간이 이 일을 조정에 아뢰자 임금도 한참을 감탄하다가 마침내 '빙호'라는 호(號)를 내려 주고, 사관(史官)에게 명하여 이를 기록하게 하였다. 그리하여 빙호 선생의 이름이 하루아침에 온 세상에 알려졌다. 그러나 그뒤 선생은 속이 허(虛)해지는 병에 걸려 얼마 못 가 세상을 떠났으니, 듣는 자들 모두가 애석하게 여겼다. 선생이 돌아가신 뒤 그 후손 가운데 호를 '빙호'라고 한 자가 많았지만, 선생만큼 성대하게 예우를 받은 이는 없었다.

나는 이렇게 생각한다. 남이 알아주고 알아주지 않고는 모두

---

1 풍당(馮唐)은~감동시켰고: 중국 한나라의 문제(文帝)가 뛰어난 인물을 구하자 풍당이 문제는 인물이 있어도 쓰지 못할 것이라고 혹평한 뒤, 억울하게 관직을 빼앗긴 위상(魏尙)을 천거하여 문제를 감동시켰던 일을 말한다.
2 소진(蘇秦)은~못했다: 중국 전국 시대에 소진(蘇秦)이 여섯 나라를 세로로 연합하는 합종책을 각 나라 제후들에게 유세했으나 번번이 실패했던 일을 가리킨다.

운명이니, 말하자면 시운(時運)이다. 빙호 선생처럼 검소하고 고단하게 살라고 한다면 세상의 가난한 사람이나 궁핍한 선비들도 모두 싫다고 할 것이다. 그런데 소이간 같은 귀한 신분의 사람만이 그를 알아주었고, 이어 천자까지 그를 알아주어 아름다운 명성을 지니고 세상을 떠났다. 그리하여 이름이 영원히 후세에 전해지게 되었으니 이야말로 진정 운명이요, 다행히 시운이 맞은 것이라 하겠다.

풍당(馮唐)은 비위를 거스르는 말을 하고도 말 한마디로 한(漢)나라 문제를 감동시켰고,[1] 소진(蘇秦)은 달변이었으나 열 번이나 글을 올리고도 채택되지 못했다.[2] 그러므로 시운(時運)이 맞으면 고귀하게 되고 시운이 맞지 않으면 천하게 된다. 아! 어찌 선생의 경우만 그렇다 하겠는가?

이 글은 사물을 의인화하여 쓰는 가전(假傳)의 형식을 취한 것으로, '빙호 선생'은 무를 의인화한 것이다. 그러나 장유는 무의 특성을 사람에 빗대어 유머러스하게 표현하는 데 그치지 않고 인간사의 경계로 삼고 있는바, 가난하지만 깨끗한 삶을 칭송하고 세상에서 이름을 얻는 일이 욕심대로 되는 것이 아님을 역설하고 있다.

벼슬아치의 처신

큰 의리와 작은 의리

　생사(生死)가 걸린 선택을 한다는 것은 어려운 일이다. 그러나 임금에 대한 신하의 도리는 하늘과 땅 사이에서 더더욱 벗어날 수 없는 것이다. 그래서 충신(忠臣)과 열사(烈士)는 죽음을 고향에 돌아가는 것처럼 여겨 칼날 아래 몸을 던지고 끓는 물과 뜨거운 불 속에 뛰어들어 천하에 대의를 떨치곤 하지만, 그렇게 하는 것이 어찌 그저 자기 한 몸 죽는 것이 두렵지 않기 때문이겠는가. 진정 인륜의 떳떳한 도를 세우고 사람이 지켜야 할 법도를 확립하여 마음이 편안해지는 길로 간 것이다.

　그런데 굳이 어려운 일을 행하고, 분수대로 지켜야 할 도리의 엄중함을 대수롭지 않게 여기고, 범해서는 안 될 일을 범하며, 죽지 않아도 될 상황에서 죽는 사람은 군자가 인정하지 않는다. 그 까닭은 그 사람이 이룬 것은 사소하고 망가뜨린 것은 중하기 때문이다. 목숨을 버린 용기도 윗사람을 범한 죄를 면하기에는 부족하다.

　관고(貫高)는 조(趙)나라의 왕인 장오(張敖)의 정승이었다. 고제(高帝)가 장오를 모욕하자[1] 관고 등이 이를 분하게 여기고 원망하는 마음을 가져 고제를 시해(弑害)할 음모를 꾸몄다. 그러

1_ 고제(高帝)가 장오를 모욕하자: 고제(高帝)는 한(漢) 고조(高祖) 유방(劉邦)을 가리키는데, 유방은 장오의 장인이다. 고제가 모반을 진압하러 가는 길에 조나라를 지나게 되자 장오는 몸소 음식을 나르며 극진한 대접을 했는데, 유방은 이를 오히려 무례한 짓이라 여겨 큰 소리로 장오를 꾸짖었다.

다 일이 성사되기도 전에 계획이 누설되는 바람에 장오와 관고 모두 체포되어 죽음을 당하게 되었다. 이때 관고는 고통을 견디며 죽을 각오로 장오의 결백을 주장하였다. 그러자 고제는 관고의 의리를 높이 사 장오의 형을 면해 주고 관고도 함께 풀어 주었다. 그러나 관고는 "신하로서 임금을 시해하려 하였으니 다시 윗사람을 섬길 면목이 없다"라며 마침내 자살하였다. 자신이 섬기는 주군(主君)이 모욕을 당하자 이를 분하게 여겨 멸족(滅族)도 피하지 않았고,[2] 죽을 위기에 처한 주군을 결국 죽음에서 벗어나게 한 뒤 자신의 생명까지 보전할 수 있었음에도 스스로 목숨을 끊었으니, 세상 사람들이 관고를 절의가 굳은 대장부라고 하는 것도 당연하다 하겠다.

그런데도 군자는 그를 죄인으로 여기니 그 이유는 무엇일까? 군신(君臣) 관계는 부자(父子) 관계와 같은 것이다. 아버지가 아들을 모욕했을 때, 그 아들을 섬기는 사람들이 아들에게 아버지를 죽이도록 권했다면 그들이 비록 목숨을 바쳐 그 아들을 열심히 섬겼다 하더라도 그 죄를 덮을 수 있겠는가.

고제와 장오는 공적(公的)으로는 임금과 신하 관계였고, 사적(私的)으로는 장인과 사위 관계였다. 임금이 신하를 모욕하고 장인이 사위를 모욕하여 조금쯤 예의에 어긋났다 하더라도 어찌 죽여서까지 보복하겠는가. 가령 고제가 죄 없는 장오를 죽였다

2_ 멸족(滅族)도 피하지 않았고: 고제는 장오를 압송하면서 그를 따르는 자는 삼족(三族)을 멸하겠다고 공포하였으나, 관고를 비롯한 신하들은 이에 아랑곳하지 않고 장오의 뒤를 따랐다.

하더라도, 관고가 할 수 있는 일은 시신을 붙들고 통곡하고 그 아들을 섬기는 일에 불과할 것이다. 그보다 더한다 해도 죽어서 장오의 뒤를 따르는 정도일 것이다. 이렇게 고제가 장오를 죽였더라도 원수로 여겨 보복해서는 안 될 것인데, 모욕을 준 정도로 그래서야 되겠는가.

모욕당한 것을 원망할 수는 있지만, 모욕한 사람이 자신보다 낮은 위치에 있는 자라 할지라도 분하게 여겨 욕설을 퍼붓거나 분노를 마음속에 간직하는 정도로 그치지 죽이겠다고 나서지는 않을 것이다. 그러니 하물며 천자에게 그래서야 되겠는가. 남을 모욕하는 것은 작은 잘못이요, 임금을 시해하는 것은 큰 잘못이다. 그런데 관고는 임금의 작은 잘못에 분노하여 큰 잘못을 저지르려 하였고, 자신의 주군을 높이려다가 도리어 임금을 임금으로 여기지 않는 행동을 하였으니, 관고와 같은 자야말로 인륜을 모르는 건방진 자가 아니겠는가.

장오의 결백을 주장한 것은 참으로 충성스러운 행동이지만, 애초에 장오에게 모반을 권하지 않은 것과 비교한다면 어느 쪽이 더 충성스럽겠는가. 임금을 시해하려 한 죄를 부끄럽게 여긴 것은 참으로 훌륭한 일이지만, 시해하려는 음모를 꾸미지 않은 것과 비교한다면 어느 쪽이 더 좋겠는가. 목을 찔러 목숨을 끊은 것은 참으로 용감한 행동이지만, 애초에 죽음을 부를 행동을 하지 않은 것과 비교한다면 어느 쪽이 더 낫겠는가. 불충(不忠)한 이후에 충성을 바치고, 시해할 음모를 꾸민 이후에 시해하려 한 죄를 부끄러워하고, 죽을 만한 의의가 없는데도 함부로 죽고 말았으니 군자가 관고를 인정해 주고 싶다 한들 무슨 수로 그렇게 하겠는가.

어떤 사람은 "그 말이 옳긴 하지만 관고는 흔들리지 않고 절의를 지켰고, 목숨을 버리면서까지 태도를 바꾸지 않았다. 그러니 그의 행동이 꼭 의리에 부합하는 것은 아니지만 인정할 만한 점이 있다"라고 말한다. 허나 그렇지 않다.

사람을 평가할 때 단점을 버리고 장점만 취하는 경우는 그 일에 관련된 사람들이 대등한 관계에 있거나, 그 일이 중요하지 않은 것이라 간단히 처리해도 무방한 경우뿐이다. 그러나 임금과 신하의 관계는 둘의 역할이 분명히 구분되는 관계로 천하의 기강이라고 할 수 있다. 신하가 임금을 시해하려는 죄를 범한 것으로도 부족하여 자신이 섬기는 주군까지 곤경에 빠뜨렸다. 이렇게 큰 죄를 지었는데도 이를 접어 두고 다른 장점을 취할 수 있겠는가.

『춘추』(春秋)의 의리에 따르면, 나라를 어지럽히는 신하와 부모를 해치는 자식은 반드시 가차없이 죽여야 한다. 관고가 바로 그런 부류에 속하니 어찌 용서할 수 있겠는가. 그렇긴 하지만 세상의 나라 어지럽히는 신하와 부모 해치는 자식들이 모두 자신의 이익을 위해서 그런 짓을 하는 반면, 관고는 자신의 이익 때문에 그렇게 한 것이 아니라 대의(大義)를 잘 알지 못하고 세상 분위기에 휩쓸려 그런 행동을 한 것이다. 이를 통해 본다면 몸을 단속하기 위해서는 우선 이치부터 밝게 알아야 하고, 세상을 이끌어 나가기 위해서는 우선 세상의 습속부터 깨끗하게 만들어야 할 것이다.

관고는 자신의 주군을 함부로 대하는 고조의 행동에 격분하여 거사를 도모하고, 모진 고문을 견디며 자신의 주군을 보호하는 의기(義氣) 있는 행동을 보여 주었다. 그러나 관고의 행동은 불필요한 곤경을 자초한 가운데서 나온 것으로, 장유는 이를 대의(大義)에 반하는 것으로 보았다. 일의 원인 자체가 부당하므로 그 과정이나 결과에 취할 만한 점이 있더라도 인정해서는 안 된다는 것이다.

푸른 눈 흰 눈

완사종(阮嗣宗)¹은 자기 눈을 푸르게 만들기도 하고 희게 만들기도 하면서 세속적인 예(禮)에 물든 사람은 매번 흰 눈으로 대했다고 한다. 이를 뜻은 크지만 실천에는 서투른 선비의 태도라 수도 있겠지만, 나는 평소 이 이야기가 마음에 들었다.

아! 선비가 이 혼탁한 세상에서 끝없이 펼쳐지는 추잡하고 괴이한 광경들을 두 눈으로 보노라면 그야말로 서커스를 구경하는 것 같을 것이다. 웃통을 벗어젖히고 발가벗고, 개처럼 싸우고 원숭이처럼 설치는 등 별의별 행태를 다 보이며 온갖 추악한 일을 행하고 있으니, 만일 예가 아니면 쳐다보지도 않는 단정하고 올바른 선비를 그 곁에 둔다면 그가 차마 눈을 뜨고 그 광경을 바라볼 수 있겠는가?

완사종은 비록 유가(儒家)에서 배척을 받는 인물이긴 하지만 뜻이 크고 세속을 벗어난 선비였다.

위진(魏晉) 시대는 퇴폐적인 풍조가 극에 달했던 시대이다. 그래서 좀스러운 무리들이 겉으로는 예법을 지키는 척하면서 속으로는 간사한 마음을 품고, 아첨하는 소인배들을 중용하여 못하는 짓이 없었으니, 이들은 모두 도척(盜跖)이나 장갹(莊蹻)²

---

1 완사종(阮嗣宗): 중국 삼국 시대(三國時代) 위(魏)나라의 완적(阮籍)이라는 인물이다. 그는 사람을 가려 가며 똑바로 시선을 주기도 하고 옆눈으로 흘겨보기도 해서 눈이 푸르게 되기도 하고 희게 되기도 하였다고 한다.
2 도척(盜跖)이나 장갹(莊蹻): 도척과 장갹은 모두 춘추 시대의 유명한 도둑이다.
3 증삼(曾參)이나 사추(史鰌): 증삼은 공자의 제자 가운데 한 사람으로 효성이 지극했던 인물이고, 사추는 위(衛)나라 영공(靈公)의 신하로 매우 충직했던 인물이다.
4 혜중산(嵇中散): 죽림칠현(竹林七賢)의 한 사람이었던 혜강(嵇康)으로, 종회(鍾會)라는 이를 홀대하였다가 그의 참소로 죽음을 당하였다.

과 같은 마음을 가지고 겉모습만 증삼(曾參)이나 사추(史鰌)3처럼 꾸미고 있었을 따름이다.

완사종도 이런 세상을 떠나 먼 곳에서 은거하거나 세상일을 초월하여 지내지는 못했다. 그러므로 날마다 눈에 들어오는 것이라곤 어지럽고 요란한 것들뿐이었다. 그러니 어찌 이들을 흰 눈으로 보지 않을 수 있었겠는가? 그러다 운치를 아는 고매한 벗과 선비들이 찾아오면, 이는 사람 없는 골짜기에서 발소리가 나는 것처럼 반가운 일이었을 것이니, 한번 보면 기쁨이 넘치고 마음과 눈이 함께 밝아져 푸른 눈을 보이게 된 것이다. 예나 지금이나 다를 바 없는 이러한 마음을 완사종은 일찍 보여 준 것뿐이다.

혜중산(嵇中散)4은 성격이 강직하여 악한 것을 미워하다가 끝내 죽음을 면치 못하였다. 그런데 완사종은 푸른 눈과 흰 눈으로 사람을 차별하여 혜중산보다 더 큰 미움을 받으면서도 세속적인 사람들의 그물에 걸려 들지 않았다. 이는 그의 행동이 장난 비슷한 데가 있었기 때문이다.

그래서 나는 일찍이 '이 푸른 눈과 흰 눈은 즐거움을 주는 질탕한 놀이가 될 뿐만 아니라 자기 몸을 보전하는 지혜로도 충분하다'라고 생각하였다.

요즘도 다른 사람을 업신여기거나 냉대한다는 의미로 사용하는 '백안시'(白眼視)라는 말은 바로 이 완사종(阮嗣宗)의 일화에서 나온 것이다. 장유가 완사종의 이야기를 좋아한 것은 자신의 도덕적 기준과 원칙을 분명히 하되, 너무 각박하게 행동하기보다는 여유와 웃음을 가지고 행동하는 것이 좋다고 생각했기 때문이다.

남해의 섬으로 유배 간 홍면숙에게

홍면숙(洪勉叔)[1]이 남쪽 지방으로 유배 갈 때, 교외에서 그를 전송하면서 무슨 말인가 해 주고 싶었지만 빡빡한 일정에 쫓겨 그럴 틈이 없었다. 면숙은 거제도(巨濟島)로 들어가 편지를 보내어 다음과 같이 말하였다.

바다 건너에 와 있으니 마음 달랠 길이 없습니다. 그대의 시(詩)와 문(文)을 얻어 그리운 마음을 위로하고 나 자신을 돌아보는 계기로 삼고 싶습니다.

이에 나는 심부름 온 사람을 불러 그곳의 풍토는 어떠하고 면숙은 어떻게 지내고 있는지 물어보았다. 그러자 그가 대답하였다.

"거제도는 남해의 큰 바다 가운데 있어 습하고 더운 기운이 가득하며, 황량하여 인적도 드뭅니다. 수풀이 하늘을 뒤덮고 늪지대가 넓게 펼쳐진 가운데 눈에 보이는 것이라곤 무성한 수초(水草)와 덩굴나무뿐이어서 몇 십 리를 가도 사람 사는 곳을 볼 수 없습니다. 또 겨울에는 눈이 내리지 않고, 여름에는 장맛비가

1_ 홍면숙(洪勉叔): 면숙(勉叔)은 홍무적(洪茂績, 1577~1656)의 자(字)이다.

오래 내리기 때문에 독사와 독충이 우글거리는데 좀 없애 보려 해도 잘 되지 않습니다.

토지는 척박해 먹고살기가 어려운데 올해는 흉년까지 겹쳤습니다. 그런데 내다 팔 재물도 없고 돈을 꿀 만한 데도 없어 사람 수대로 먹을 죽도 모자라 늘 굶주린 기색이시면서도, 공(公)은 한 번도 근심하는 법 없이 날마다 문을 닫고 글을 읽으며 유유자적하게 지내십니다. 부모님을 그리워하는 외에는 오직 서울 친구들과의 정을 잊지 못해 마치 친구를 만나보고 싶어 하는 것처럼 친구의 글을 얻어 보고 싶어 하십니다."

나는 이 말을 듣고 참담한 생각이 들어 나도 모르게 탄식했다. 아! 그곳의 풍토가 그렇게도 나쁘단 말인가! 면숙은 그렇게도 곤궁하게 살고 있단 말인가!

그러나 면숙 정도 되는 인물이라면 그런 곳에서 편안히 살고 있나 해도 이상한 일이 아니다. 면숙이 그런 처지에 놓이게 된 것은 다른 사람이 그렇게 만든 것이 아니라 자초한 것이다. 아녀자들도 자초한 일에 대해 나중에 원망하지 않을 것인데 하물며 면숙이 그렇게 하겠는가? 면숙은 벼슬을 하지 않은 선비로, 의견을 표명해야 하는 불가피한 직책상의 책임이 있었던 것도 아니다. 침묵을 지키고 있으면 지극히 안전하고, 말을 하면 그지없이 위험한 상황에서 지극히 안전한 쪽을 버리고 지극히 위험한 쪽을 택했으니, 이런 선택을 하기까지 분명히 자세히 살폈을 것이요, 신념을 확고히 했을 것이다. 그렇다면 형벌을 받고 죽음을 맞이하는 것도 달게 받아들여야 할 텐데 남쪽 바다로 귀양을 가는 데 그쳤으니, 이는 하늘이 도우신 것이다. 이런데도 괴로워한다면 앞뒤가 맞지 않는바, 면숙이 그럴 리가 없다.

군자가 자신이 처한 바에 따라 행동하면 어떤 환경에서도 자득(自得)할 수 있으니, 이는 억지로 하려 한다고 해서 되는 것이 아니다. 이와 같은 이치가 내 안에 있고, 이를 극진히 하지 않을 수 없다는 것을 알게 되면 바깥의 환경이 어떻든 모두 나와는 상관없는 것이 된다. 이는 마치 구름이 하늘을 지나면서 나타났다 사라졌다 끝없이 변화하지만 하늘은 항상 고요한 것과 같다. 그러므로 마음속에 기쁨과 슬픔을 담아 둘 필요가 없거니와 실은 애초에 기뻐하고 슬퍼할 무엇인가가 있지도 않은 것이다. 옛사람들 중에는 자신의 생명을 버리면서까지 명분을 세운 사람들이 있는데, 이들은 죽음이라는 큰 문제 앞에서도 어떻게 처신해야 하는지를 잘 알고 있었다고 할 수 있다. 그러니 죽음보다 작은 문제에 대해서는 더 말해 무엇 하겠는가?

다만 면숙이 어버이 곁을 멀리 떠나 때에 맞게 보살펴 드리고 문안드리지 못하는 것은 인정(人情)으로 늘 마음에 걸릴 수밖에 없는 일이겠으나, 이는 또한 어떻게 할 수 없는 일이다. 어떻

2_ 유원성(劉元城)은~이루었다: 유원성은 원성 출신인 송(宋)나라의 유안세(劉安世)를 말한다. 사마광(司馬光)에게 수학하였으며, 간의대부(諫議大夫)로 있으면서 직간(直諫)을 하다가 당화(黨禍)를 입어 어머니를 모시고 귀양을 갔다고 한다.

게 할 수 없는 일에 대해서는 군자도 마음을 편히 가질 수밖에 없다. 유원성(劉元城)은 어머니를 모시고 남쪽 지방으로 귀양을 가 험한 지역을 두루 다니면서도 어머니를 오래 사시도록 모시고 몸과 마음을 편하게 해 드려 충(忠)과 효(孝)를 모두 이루었다.[2] 옛 군자들 중에는 이런 일을 당한 사람이 많았지만 모두가 끝내 불행했던 것은 아니다.

더구나 지금은 훌륭하신 임금께서 보위(寶位)에 계시면서 따뜻한 봄날의 햇살처럼 만물을 길러 주고 계시니, 그늘진 녀랑이나 어두운 골짜기에도 얼마 뒤에는 반드시 따스한 햇살이 이르게 될 것이다. 그러니 면숙이 어떻게 나태한 행동을 할 수 있겠는가. 그래서는 안 될 것이다. 군자는 떠나는 이에게 무언가 좋은 말을 해 주곤 하는데, 면숙이 나에게 성실한 태도로 청하였기에 끝까지 입다물고 있을 수가 없어 겨우 몇 마디 하였다.

환경이 열악한 남해의 낯선 섬으로 유배 간 홍무적의 고충을 위로하고, 인조의 은혜로 유배에서 풀려날 것이라는 희망을 전하는 글이다. 홍무적은 광해군 7년인 1615년에 인목대비(仁穆大妃)의 폐모(廢母)를 반대하다가 거제도로 유배되었고, 인조반정이 일어난 1623년에 유배에서 풀려났다. 이 글이 쓰어진 시기는 1623년 즈음으로 보인다. 구름은 천변만화(千變萬化)하지만 하늘은 변함없는 것처럼 마음속에 기쁨과 슬픔을 담아 둘 필요가 없다는 말이 인상적이다.

병든 고을을 다스리는 법

지난해 가을 나는 건강관리를 제대로 하지 못하여 변에 피가 섞여 나오는 병에 걸렸는데, 하루에 쏟아 내는 피가 몇 되씩이나 되었다. 그렇게 한 달이 지나자 나는 녹초가 되었고, 의원도 그만 손을 들고 말았다. 그때 호서(湖西) 지방을 돌아보던 창기(昌期)[1]도 가을이 될 즈음 나와 같은 병에 걸렸는데 증상이 비슷하였다. 이에 그는 사직을 청하는 상소를 올리고는 병든 몸을 수레에 싣고 서울에 돌아왔다. 그러나 각자 병 때문에 나와는 서로 만나지 못하였다.

나는 그때부터 병이 더욱 심해져 겨울이 반쯤 지났을 무렵에는 거의 죽을 지경이 되었다가 다행히 조금 차도가 있었고, 창기도 나처럼 병세가 매우 위급했다가 나보다 한 달쯤 앞서 병이 나았다. 그런데 나는 평소부터 체질이 허약했고 창기 역시 이미 체력이 떨어진 상태에서 너무 많은 피를 쏟아 몸의 기(氣)가 모두 쇠한 탓에, 두 사람 모두 병이 나았다고는 해도 일어나지 못하고 침상에서 머문 기간이 8~9개월은 되었다.

그런데 조정에서는 평소 재주가 뛰어나고 지혜롭다고 이름난 창기를 가만히 내버려 두지 않고 결국 전주의 원님으로 임명

1_ 창기(昌期) : 이명준(李命俊)의 자(字)이다.

하였다. 이에 창기는 억지로 몸을 추슬러 조정에 감사 인사를 올리고는 맨 먼저 나를 찾아와 떠나게 되었음을 알렸다. 창기를 보니 누렇게 뜨고 야위어 비실비실한 것이 나와 비슷하기에 내가 물었다.

"전주는 큰 고을로 호남의 도회지인데, 병든 몸으로 임무를 제대로 수행할 수 있겠습니까?"

그러자 창기가 대답하였다.

"공적인 의리로나 사적인 빚으로나 차마 모른 체할 수 없었네. 그러니 그대가 나에게 가르침을 좀 주게나."

이에 나는 말하였다.

"나는 못난 사람이라 내 몸 하나도 다스리지 못하는데 어떻게 남 다스리는 일을 알겠습니까마는, 들은 이야기를 가지고 말해 볼까 합니다. 나라라는 것은 사람의 몸과 같으니, 백성을 다스리는 일은 우리 몸의 병을 다스리는 것과 같습니다. 예를 들어, 우리 두 사람의 병과 그 병을 다스렸던 방법을 살펴본다면 백성을 다스리는 방법도 알 수 있을 것입니다.

어떤 병에 걸렸을 때, 그 병은 병든 것을 알게 된 날에 걸린 것이 아니라 병에 걸린 것을 모르고 있을 때에 이미 걸린 것입니다. 그러므로 병에 걸리기 전에 미리 다스린다면 애당초 병에 걸리지 않을 것입니다. 그러나 일단 병에 걸린 다음에는, 병에는 근본적인 원인과 부수적인 원인이 있을 것이니 내상(內傷)과 외상(外傷)을 구분하고 치료의 완급(緩急)을 조절하면서 좋은 음식과 보약으로 원기(元氣)를 북돋우고, 약과 침과 뜸으로 침입한 병을 공격한다면 합리적으로 치료할 수 있을 것입니다.

가장 좋은 방법은 병에 걸리기 전에 다스리는 것이요, 그 다음은 합리적으로 치료하는 것인데, 만약 병에 걸리고도 이를 다스리지 않으면 사람이 막을 수 없게 됩니다. 우리는 병이 숨어 있을 때 조심하지 않고 일단 병에 걸린 뒤에야 이를 다스려서 회복도 이처럼 더디고 어렵게 되었습니다. 그러니 조심하지 않아서야 되겠습니까?

전주는 땅이 너르고 인구가 많고 물자가 풍부하니 그야말로 호남에서 으뜸가는 지역이라 할 수 있습니다. 그런데 그곳에는, 선비들로 말할 것 같으면 도포를 입고 시서(詩書)를 외우고는 있지만 즐비하게 늘어선 집들 가운데에 선악(善惡)이 서로 뒤섞여 있고, 백성들로 말할 것 같으면 농민과 상인이 섞여 살고 있어서 서로 생업이 다르며 그 성질이 사나워 송사(訟事)가 잦습니다. 또 세력이 큰 호족(豪族)들 중에 교활한 자들은 관리의 약점을 이용하여 가난하고 약한 백성을 부려먹고 작은 마을을 제멋대로 주무르는데, 그런 자들의 숫자가 이루 헤아릴 수 없이 많습니다. 그래서 전주는 다스리기 어려운 것으로도 호남에서 으뜸가는 지역입니다.

　이제 창기가 전주를 다스릴 때에 그 근본을 깨끗하고 올바르게 하며, 자신을 바로잡아 타인의 모범이 되게 하여 명령을 내리지 않아도 따르게끔 하고, 화를 내지 않고도 위엄을 보인다면 이것은 비유하자면 병에 걸리기 전에 다스리는 것으로, 가장 좋은 다스림이라 하겠습니다.

　다음으로 창기가 좋아하고 싫어하는 것을 분명히 밝혀 선비들의 여론이 하나가 되도록 만들고, 법으로 교활한 호족들을 제압하고, 그러면서 단정한 인물을 가까이하고 고달픈 백성들을 보살펴 백성들은 편안해지고, 관리들은 두려움을 알게 되고, 선비들은 떳떳함을 알게 된다면 이것은 비유하자면 병에 걸렸을 때 합리적으로 치료하는 것이니, 그 다음으로 좋은 다스림이라 하겠습니다.

　그러나 만약 한갓 회계(會計) 장부에나 좀스럽게 매달리고, 쌀과 소금 같은 자질구레한 물건에 정신을 팔면서 잔머리를 굴려 일을 처리하고, 작은 은혜를 베풀어 민심을 얻으려 한다면 이는 세속적인 관리들이 잘하는, 낮은 수준의 다스림이라고 하겠습니다.

　우리들이 병을 다스렸던 방법을 생각해 본다면 잘잘못을 알 수 있을 것입니다. 사람의 몸을 보는 원리로 나랏일을 살핀다면 다른 일도 유추(類推)해 나갈 수 있을 것이니, 이것이 바로 내가 창기에게 바라는 것입니다."

창기는 일찍이 덕산현감(德山縣監)과 평양부윤(平壤府尹)·청주목사(淸州牧使)를 역임하였는데, 모두 일이 많은 곳이었음에도 불구하고 잘 다스리지 못한 적이 없었다. 그러니 지금 비록 병이 들어 침실에 누워서 다스린다 해도 충분히 잘 다스리겠지만, 내가 병을 다스리는 이치에 대해 느끼는 바가 있기에 그 이야기를 써서 떠나는 길에 준다.

질병의 비유를 통해 고을을 다스리는 방법을 밝힌 글이다. 이에 따르면 근본부터 바로잡는 다스림이 가장 좋고, 호오(好惡)를 분명히 해 교활한 세력들을 제압하고 바른 세력을 등용하는 다스림이 그 다음으로 좋고, 사소한 물질이나 형식에 치중하는 다스림이 가장 나쁘다.

지방관이 되어 떠나는
오숙우(吳肅羽)를 전송하며

벼슬아치들은 보통 지위가 높으면 자랑스러워하고 지위가 낮으면 부끄러워하며, 외직(外職)은 하찮게 여기고 내직(內職)은 중요하게 여긴다. 그러나 군자의 벼슬살이는 의리로 하는 것이지 이익으로 하는 것이 아니다. 그러므로 높은 지위에 있으면서 그 직분을 제대로 수행하지 못하는 것보다는 낮은 지위를 편안하게 여기는 것이 낫고, 내직에 있으면서 제 뜻을 실행하지 못하는 것보다는 외직에 만족하는 것이 낫다. 옛날에 군자들이 조정에 몸담고 있을 때의 마음가짐은 대개 이러했다.

세상에서 중요하게 여기는 직책으로는 장군과 재상이 으뜸이요, 그 다음이 사간원(司諫院)과 홍문관(弘文館), 예문관(藝文館)의 직책이다. 그러나 조정을 살펴볼 것 같으면 장군과 재상이라는 자들이 임금을 높이고, 백성을 돌보고, 변방을 안정시키고, 적을 제압하는 일을 제대로 하던가. 그리고 사간원과 홍문관, 예문관에 몸담은 자들이 바른말을 하고, 안색을 엄숙히 하고, 문제를 바로잡고, 잘못을 파헤치는 일을 제대로 하던가. 그런데도 이들이 직책을 수행하면서 뜻을 펼치고 있다고 말한다면 나는 그 말을 믿을 수가 없다.

    내가 일찍이 내직이 이렇게 된 이유를 생각해 보았는데, 그것은 사람이 적임자가 아니어서가 아니라 상황이 좋지 않기 때문이다. 그리고 상황이 좋지 않은 것은 요즘 들어 그렇게 된 것이 아니라 대체로 오래전부터 그런 것이다. 이렇듯 시기와 형세가 좋지 않으니 적임자가 있다 한들 뭘 어쩌겠는가.

    그런데 외직으로 말하면 이와는 다르다. 비록 작은 주(州)나 현(縣)이라도 사방의 경계 안에서는 명령을 내리면 행해지지 않는 것이 없고, 은택을 베풀면 이르지 않는 곳이 없다. 또 이익이 되는 일은 언제라도 시작할 수 있고, 해가 되는 일은 언제라도 끝낼 수 있다. 만약 위에서 지방관에게 어떤 일을 지시하면 명령 자체는 그대로 따라야 하지만 그 방편을 마련하고 주선하는 일은 지방관의 몫이니, 자기 뜻을 펼치고 직무를 수행하는 데 있어서 내직과 외직은 하늘과 땅 차이다. 그 이유는 바로 내직은 임금을 곁에서 모시면서 세력을 나누어 가지는 반면, 외직은 백성과 가까이 있으면서 전권(專權)을 행사하기 때문이다.

    오공(吳公) 숙우(肅羽)[1]는 젊어서부터 재주가 뛰어나다는 평가를 받아 왔다. 그리하여 일찍이 좋은 직책을 두루 거치고 관동(關東) 지방의 관찰사로 나갔는데, 어버이의 상(喪)을 당해 관직을 떠났다가 복(服)을 벗은 뒤 승정원에 들어가 측근에서 임금

1_ 오공(吳公) 숙우(肅羽): 장유의 벗 오숙(吳䎘, 1592~1634)을 가리킨다. 숙우는 그의 자(字)이다.

을 모셨다. 그러다 얼마 지나지 않아 외직을 청하여 여주(驪州)로 나가게 되었다. 여주같이 작은 고을에 임금을 가까이에서 모시던 숙우가 부임하는 것을 관계자들 모두가 마땅치 않게 여겼으나, 숙우만은 뜻대로 되었다고 홀로 즐거워하였다.

숙우를 아는 사람들은 이렇게 말하기도 한다.

"숙우는 집에 부모님이 계신데, 여주는 작은 고을이긴 하지만 서울에서 가까운 곳이어서 부모님을 봉양하기에 편하다. 그리고 외진 곳이어서 일이 번잡하지 않고, 자연이 아름답고 누각이 훌륭하다. 따라서 백성을 다스리는 여가에 글을 읽고 경치 좋은 곳을 찾아다니면서 뜻대로 지낼 수 있다. 그래서 숙우가 기뻐하는 것이다."

나는 물론 그 말도 옳다고 생각한다. 하지만 숙우의 뜻이 꼭 그런 것만은 아닐 것이다. 그는 가슴에 뛰어난 자질을 품고 늘 강한 자부심을 드러내면서 세상 사람들이 영예로 여기고 부러워하는 것은 속으로 썩 달갑지 않게 여겼다. 그래서 백성과 사직(社稷)이 있는 지역으로 가 정사(政事)를 시험해 보고 백성들에게 은택(恩澤)을 베풀어 훗날 세상을 다스리고 백성을 구제하는 근본을 마련하려는 것이다. 그 뜻이 이렇게 원대하니 세상 사람들이 이를 어찌 알아보겠는가?

숙우가 마침 길 떠날 채비를 하면서 내게 한마디 해 달라기에 이렇게 써서 그에게 준다.

장유가 여주(驪州)의 원님이 되어 떠나는 벗 오숙을 전송하며 쓴 글이다. 지방의 작은 고을로 내려가는 것을 마다하지 않는 오숙의 속뜻이 무엇보다 백성의 곁에서 실제로 정사(政事)를 행해 봄으로써 훗날을 대비해 정치의 실제를 익히는 데 있음을 밝히고 있다.

땅은 사람 때문에 유명해진다

　군(郡)과 읍(邑)에 '지'(志)가 있는 것은 국가에 '사'(史)가 있는 것과 같다. 헌데 국가의 사관(史官)은 역사 기록을 직업으로 하는 사람인데도 그 기록에 문제가 많다. 그러니 수령의 직책을 맡아 백성을 다스리기만 하는 사람이 여가를 내어 기록에 힘쓰는 것은 얼마나 어려운 일이겠는가. 우리나라는 주군(州郡)이 삼백이요, 그 가운데 이름난 도시와 군사 요충지가 섞여 있지만 지(志)가 있는 고을은 열 손가락으로 헤아린다. 이는 별것 아닌 일이긴 하지만 문명(文明)이 발달한 시대에 하나의 흠이라고 하겠다.
　내 친구 덕수(德水) 사람 이식(李植)[1]은 지난해 어버이를 봉양하기 위해 외직(外職)을 청하여 간성현감(杆城縣監)으로 갔다가 임기를 다 채우지 못하고 홍문관(弘文館)의 장관으로 부름을 받고 돌아왔다. 그런데 재임한 기간이 겨우 일 년 남짓이건만, 그곳의 옛 사적을 모두 모아 『수성지』(水城志) 한 권을 엮어 내었다.
　간성은 영동(嶺東)[2] 지방의 작은 마을인데, 칭호도 현(縣)으로 강등되었고 거리도 먼데다 궁벽한 곳이니, 보잘것없는 고을이라고 할 수 있다. 그런데 지금 여고(汝固)가 멋지게 치장하여

---

[1]_ 이식(李植): 1584~1647. 조선 후기의 문신으로, 본관은 덕수(德水), 자는 여고(汝固), 호는 택당(澤堂)이다. 인조반정 이후 요직에 등용되어 이조좌랑·대사간·대제학 등을 역임하였으며, 고문에 뛰어나 신흠·이정구·장유와 함께 한문 4대가로 꼽힌다.
[2]_ 영동(嶺東): 강원도 태백산맥의 동쪽 지역을 가리키는 말. 간성은 현재 강원도 고성군 간성읍에 해당한다.

고을의 명성과 문물(文物)이 사방에 널리 퍼지게 되었으니, 땅은 사람 때문에 유명해진다는 말을 어찌 믿지 않을 수 있겠는가.

이 일과 관련하여 나는 느끼는 바가 있다. 나는 지난 기사년(1629, 인조 7)에 나주(羅州)로 좌천되었었는데, 나주는 정말 큰 고을이었다. 내 비록 재주가 없어 태학사(太學士: 홍문관 대제학) 자리를 그만두고 지방으로 나간 것이지만 글 짓는 일만큼은 내 소임이 아니라 할 수 없을 것이다. 그러나 나는 주지(州志)를 만들어 볼 생각을 진작 하고 있었으면서도 병치레를 하느라 결국 실행하지 못하였다.

아! 나주는 큰 고을인데도 나 때문에 빛을 잃었고, 간성은 작은 고을인데도 여고(汝固) 덕분에 빛이 났으니, 이것을 어찌 어쩔 수 없었던 일로만 돌릴 수 있겠는가. 내가 해 놓은 것이 없는 걸 보면 여고의 근면함과 민첩함은 따라갈 수 없음을 새삼 알 수 있다. 그래서 이 글을 써서 부끄러움을 표한다.

간성의 지방관으로 내려가 지방지를 편찬한 이식의 알뜰한 업적을 칭송하는 글이다. 자신을 겸허하게 낮추며 상대의 훌륭한 점을 높이는 방식으로 글을 마무리하고 있다.

재주 있는 사람은 널리 쓰인다

개인주의[1]를 주장하는 학파의 추종자들은 다음과 같이 말한다.

"세상의 존재들은 재료가 되고 싶어 하지 않는다. 재료가 되면 사람의 사용 대상이 되고, 그렇게 되면 자신에게 해가 되기 때문이다. 쓸모없는 나무는 재목이 될 수 없어 오래 살고, 수닭은 제물(祭物)이 될 것이 두려워 제 꼬리를 잘랐다. 그래서 '재주를 가진 자는 수고롭고, 지혜로운 자는 근심스러우며, 무능한 자는 배불리 먹고 즐겁게 논다'라고 말하는 것이다."

군자는 이 말을 다음과 같이 비난한다.

"하늘이 만물을 만드는 것은 반드시 쓸모가 있어서이다. 재료가 되면 귀하게 쓰이고 재료가 되지 못하면 천하게 쓰인다. 귀하게 쓰인다는 것은 마음으로 노동한다는 것이요, 천하게 쓰인다는 것은 몸으로 노동한다는 것이다. 몸으로도 마음으로도 노동하지 않고 놀고먹는 것을 좋아하는 자는 인간 좀벌레이다.

두릅나무나 느릅나무 같은 나무는 결코 재목이 되지 못하고 결국 장작이 되지만, 녹나무 같은 이름난 나무는 북돋우어 길러지면서 아름다운 나무로 칭송받는다. 그런가 하면 도려(盜驪)와

---

[1] 개인주의: 여기서는 자신의 이익과 안전을 본위로 했던 전국 시대 양주(楊朱)의 학설을 말한다.

승황(乘黃) 같은 명마(名馬)는 황금 재갈을 물고, 달 모양의 장식을 이마에 달고 하루에 천 리를 달리지만, 바짝 여윈 양(羊)과 비쩍 마른 소들은 푸줏간에서 죽음을 맞이한다."

이렇게 본다면 쓸모가 있으면 화를 당하고 쓸모가 없으면 복을 받는다는 말도 설득력이 없어진다.

선비는 이 세상에 태어나 쓸모 있는 사람이 되려는 포부를 품고 벼슬길에 나아가 임금을 섬기면서 힘이 허락하는 한 다방면으로 노력해 임금을 높이고 백성을 보호하는 일을 한다. 이것이 바로 선비가 뜻하는 바다. 물론 상황에 험난하고 평탄한 차이가 없을 수 없고, 일 또한 어렵고 쉬운 차이가 없을 수 없다. 그러나 어떤 경우를 만나든 최선을 다할 뿐이니, 힘이 들지 편할지, 안락할지 위태로울지는 염려할 바가 아니다.

내 친구 오공(吳公) 숙우(肅羽)는 약관(弱冠)의 나이에 벼슬길에 나아가, 당시에 글 솜씨로 큰 주목을 받았으며, 뒤에 그 재질을 점점 더 발휘하여 정치와 군사에 관한 일은 못하는 것이 없었다. 그리하여 젊은 나이에 막하(幕下)에서 장군을 보좌하면서 변방의 요새를 출입하여 황해도와 평안도의 사정을 잘 알게 되었다.

그러다가 지금의 임금께서 즉위하시면서 큰 은총을 받고 발탁되었는데, 나라에서 중책(重責)을 맡길 인물을 추천할 때마다 그가 언급되지 않은 적이 거의 없었다. 그리하여 일찍이 사신의 임무를 띠고 중국의 조정에 간 일도 있었고, 영남의 관찰사로 나가기도 하였다. 중국에 간 일로 말하자면 거친 바다를 건너야 했기 때문에 사람들이 모두 꺼리는 일이었고, 영남으로 말하자면 우리나라에서 가장 일이 복잡한 곳인데도 숙우는 몇 년 동안 그곳에 두 번이나 내려갔다.

영남 지방에서 돌아오자 곧 승지(承旨)에 임명되어 밤낮으로 열심히 일하기를 약 반년쯤 하였는데, 마침 황해도 지역의 관찰사 자리가 비자 마침내 조정에서는 그를 발탁하여 황해도 관찰사 자리를 제수하였다. 황해도 지역은 매우 중요한 곳이다. 그런데 정묘호란(丁卯胡亂) 이후 피폐해진 상황이 아직도 복구되지 않아 아침저녁으로 변방이 항상 걱정스럽다. 게다가 해적이 오랑캐와 손을 잡고 한번 움직이면 대문 앞까지 쳐들어올 형세를 취하고 있으니, 정말 걱정거리가 옛날보다 몇 배는 더하다 할 것이다. 지금 그런 곳을 숙우가 맡았으니, 숙우가 진정 인재일지언정 혼자서만 수고한다는 탄식이 어찌 나오지 않겠는가. 만일 숙우의 재질이 조금 모자라 다른 사람들과 비슷했다면 이처럼 빈번히 힘든 지역만 두루 거치는 일은 없었을 것이 분명하다.

비록 그렇지만 괴로워할 것은 없다. 옛사람 말에 '얽히고설킨 것을 잘라 보지 않으면 날카로운 칼을 구별할 수 없다'라고 하였다. 명검(名劍) 막야(鏌邪)를 들었으면 휘둘러 베는 것이 당연한 이치이다. 무딘 칼을 든 사람에게 책임을 넘기려 한다면 어떻게 되겠는가.

황해도는 참으로 일하기 어려운 곳이다. 그러나 난리를 한 번 겪은 뒤로 다스리는 자들은 분발할 줄 알게 되었고, 백성들은 두려워할 줄 알게 되었다. 두려워한다는 것은 침략을 막지 못했던 일을 후회하고 장래를 대비하는 것이요, 분발한다는 것은 모욕을 받은 일을 부끄러워한다는 것이다. 두려워하면 경계하게 되고, 경계하면 대비하게 된다. 또 분발하면 용기가 생기고, 용기가 생기면 뭔가 이루어 낼 수 있다.

이제 그런 분위기를 탄 사람들을 격려하고, 용기를 북돋우고, 더욱 면려해야 하며, 잘 살펴서 유익한 일은 일으키고 해가 되는 일은 없애야 할 것이다. 그리하여 백성들이 평소에는 생업에 종사하며 편안한 마음을 갖게 하고, 싸우러 나갈 때에는 윗사람을 친밀히 여기고 사랑하여 그들을 위해 기꺼이 죽을 마음을 갖게 한다면, 오랑캐가 아무리 강하다 해도 두려워할 것이 없을 것이다. 이런 것들은 숙우가 잘 해낼 수 있는 일들이다. 재질이 있기 때문에 쓰이는 것이요, 쓰이기 때문에 수고하는 것인데, 수고한 뒤라야 비로소 성취되는 것이 있을 것이니 무언가 성취하려 하면서 수고하지 않을 수가 있겠는가.

숙우에게 업무를 인계할 사람은 바로 내 동생 신(紳)이다. 내 동생은 황해도에서 평안도로 가게 되었는데, 숙우가 맡은 황해도보다 더 수고해야 할 지역이라 하겠다. 그러나 모두가 국가의 일이니, 어찌 감히 병을 핑계로 미룰 수 있겠는가. 마을에 있으면서 술을 마시는 것과 비를 맞으며 길을 가는 것은 힘들고 편안한 것으로 따져도 현격히 다르겠지만, 유능한 것과 못난 것으로 따지자면 그야말로 어떻겠는가. 이런 말로 숙우의 마음을 풀어 주고 내 동생도 위로하려 한다.

장유는 글의 앞부분에서 『장자』의 유명한 이야기, 쓸모가 없어야 해를 당하지 않고 자신을 보존할 수 있다는 역설을 부정한다. 선비로 태어나 뛰어난 능력이 있다면 나라를 위해 헌신해야 하고, 수고 뒤에는 일정한 성취가 있으리라는 말로 일이 많은 지역에 부임하는 오숙우를 위로하고 있다.

관서로 부임해 가는 내 동생 현국에게

　내 동생은 어려서 아버님을 여읜 뒤 어머님을 모시고 쓸쓸하고 고달프게 살아왔는데, 다행히 할아버님의 은택(恩澤)과 어머님의 가르침 덕분에 학문에 열중하고 몸가짐을 바로 하여 작은 성과가 있었다. 형님은 불행히도 일찍 세상을 떠나셨지만, 우리 두 형제는 어진 임금을 만나 미물도 비춰 주는 해와 달과 같은 은혜를 입고 십 년 사이에 승진하여 높은 벼슬을 지내게 되었다.
　나는 허약한 체질에 병치레가 많으면서도 이조판서(吏曹判書)와 홍문관(弘文館) 대제학(大提學)을 두 번씩이나 역임하였고, 내 동생 역시 판서(判書) 다음가는 자리를 맡은 뒤 지방으로 내려가 위험한 군사 지역을 담당하면서, 관찰사의 직책을 두 번이나 맡았으니, 이는 참으로 보잘것없는 가문에 대단한 경사요, 선비로서 지극한 영광이다. 나라의 크나큰 은덕을 생각할 때마다 보답할 길이 없어 늘 부끄럽고 두렵기만 하다.
　내 동생은 경기 남부 지역의 방어사(防禦使)를 맡고 있다가 올 봄에 황해도(黃海道)의 관찰사로 발탁되었는데, 가을에 다시 관서(關西: 평안도 지역) 지방이 중요하다는 조정의 논의에 따라 관서 지방 관찰사 자리를 제수받았다. 관서는 옛날부터 우리나라에서 국방의 요충지로 꼽혀 온 지역이다. 오랑캐가 날뛰면서 부터 변방의 정세가 위태로운데, 이런 시기에 그 지역을 내 동생이 전부 맡았으니 지극한 영광이긴 하지만 근심과 책무도 그만큼 크다고 할 수 있다. 더구나 어버이가 연로하셨건만 슬하를 떠나 아침저녁으로 문안도 드리지 못하게 되었다. 벼슬이란 본래 어버이를 위해서 하는 것인데, 지금은 어버이께 근심을 끼치게 되었으니, 내 동생은 어찌 마음을 달랠 것인가.

그렇긴 하나 내가 어려서 배운 『시경』(詩經)의 기보(祈父) 장에서 집에서 밥 짓는 어머니를 안쓰러워한 탄식은 인정(人情)의 발로였고, 사모(四牡) 장에서 나랏일 때문에 어머니를 모실 겨를이 없다고 읊조린 것은 의리로 귀결되는 것이었다. 우리 집안은 본래 가난하였는데, 지금은 다행히 봉록(俸祿)을 받아 어버이께 맛있는 음식을 부족함 없이 드릴 수 있게 되었다. 또 내가 비록 병든 몸이지만 여름엔 시원하게 해 드리고 겨울엔 따뜻하게 해 드리며 그럭저럭 어버이를 봉양할 수 있으니, 어버이께서 수고로운 일을 하시게 될 걱정은 없다.

동생은 일단 나라의 일을 책임진 만큼 한 치의 소홀함도 없어야 할 것이요, 직무 이외에 다른 생각도 없어야 할 것이다. 임금과 어버이의 은혜에 대한 도리는 때때로 우선순위가 달라질 수 있다. 효도하는 마음으로 충성하라는 교훈이 경전(經典)에 있으니, 동생은 나랏일에 힘쓰지 않아서야 되겠는가.

그런데 내가 또 한 가지 일러 줄 말이 있다. 옛날에 왕양(王陽)이 익주자사(益州刺史)가 되어 각 지역을 순행(巡行)하던 중 공래산(邛崍山) 구절(九折) 고개에 이르러 탄식하기를, "돌아가신 아버님께서 남겨 주신 몸으로 어찌 이 험준한 곳을 자주 오를 수 있겠는가" 하고는 마침내 병을 핑계로 오르기를 그만두고 말았다. 후에 왕존(王尊)이 자사가 되어 이 고개에 이르자 마부를 질타하며 말하기를, "빨리 몰아라. 왕양은 효자이지만 왕존은 충신이다"라고 하였다. 이 이야기는 한(漢)나라의 역사책에 기록되어 있는데, 후세 사람들은 두 사람의 행동을 모두 아름답게 여겼다.

그러나 내 생각은 좀 다르다. 왕양이 정말 효성스럽긴 하지만 일단 벼슬길에 나서 임금을 섬기게 된 이상 평탄하기도 하고 험난하기도 한 변화가 없을 수 없다. 그런데 만약 오로지 험한 길을 두려워하여 끝내 관직을 버리기에 이른다면, 자기 몸을 바쳐 윗사람을 섬겨야 할 자들 모두가 장차 그렇게 하지 않겠는가. 왕존은 용기 있는 사람으로, 험한 길을 사양하지 않고 길을 간 것은 참으로 훌륭하다. 그러나 험한 길을 만났는데도 조심하지 않다가 끌채가 부러지고 수레가 전복되어 몸을 다치기라도 한다면 용기도 빛을 잃고 충성하려 했던 뜻도 다하지 못하게 되었을 것이니, 어찌 그런 생각을 하지 못했단 말인가.

　명을 받은 이상 다른 생각 말고 죽을힘을 다해 일하는 것을 소임으로 알 것이며, 일을 할 때에는 조심하여 무모한 행동을 하지 않도록 매우 주의해야 할 것이다. 나아가서는 나라에 보답하고 물러나서는 어버이를 모실 수 있게 되어야 충효(忠孝)의 도리가 완전해질 것이니, 동생은 노력하기 바란다.

현국은 장유의 아우 장신(張紳, ?~1637)이다. 장신은 나이 드신 부모님을 뒤로하고 변방으로 부임해 가는 것을 매우 염려했던 듯하다. 이에 장유는 부모님을 봉양하는 일은 자신이 맡겠노라고 동생을 안심시키는 동시에 부모님에 대한 효도 못지않게 임금과 나라에 헌신과 봉사가 중요함을 동생에게 일깨우고 있다. 요컨대 충(忠)과 효(孝)가 별개가 아니라는 것이다.

봄비 같은 정치

유시영(柳時英)[1]이 고령(高靈)의 원님으로 나간 이듬해에 일을 보러 서울에 왔다가 나를 찾아와서 말하였다.

"고령현은 옛날의 이름난 고을입니다. 그런데 임진왜란 때 혹독하게 파괴되어 관아 건물이 있던 자리에는 잡초가 무성하고, 간혹 풀을 베어 내고 손을 본 건물도 좁고 누추하여 기거할 수가 없었습니다. 그래서 제가 허물어진 가옥에서 오래된 재목들을 가져와 넓게 트인 언덕에 새 건물을 지었는데, 오십여 칸쯤 됩니다. 그리고 그 동쪽에 세 칸짜리 집을 하나 지었는데, 산을 등지고 들을 바라볼 수 있는 자리로 아름다운 수죽(水竹)이 보이는 곳입니다.

집을 다 짓고 낙성식(落成式)을 할 때에 마침 단비가 내렸고, 때는 봄이라 결국 집 이름을 춘우당(春雨堂)이라고 했습니다. 당신께서 이 집에 대한 글을 써 주셨으면 좋겠습니다."

나는 말했다.

"알았네. 그런데 그대의 이야기를 들어 보면 그 집 주변의 경치가 퍽 대단한 듯한데 내가 직접 보지를 못했고, 그렇다고 집을 짓는 데 걸린 시간이나 집을 짓는 데 든 비용 같은 건 써서 또

1_ 유시영(柳時英): 유시정(柳時定, 1596~1658)의 초명이다. 유시정은 권필·신흠·김상헌 등의 문하에서 수학하였으며, 글씨를 잘 쓰는 것으로 유명했다.

무엇 하겠나. 다만 그 집에 이름을 붙인 뜻이 아주 좋으니, 내가 그 의미를 밝혀 볼까 하네.

하늘이 만물을 생장시킬 때 사계절의 변화 및 바람과 비, 서리와 이슬 등 무엇 하나 가르침 아닌 것이 없다. 그러나 비를 내려 봄에 자라난 싹을 촉촉히 적셔 주는 것이야말로 가르침의 본바탕이 된다고 할 것이니, 바람과 천둥으로 격동시키고 서리와 눈발로 얼어붙게 하는 것 모두가 봄비가 있은 뒤에 이루어지는 일이라 하겠다.

군자가 정치를 하는 것도 이와 다를 바가 없다. 지금 유후(柳侯)[2]가 춘우당에서 정사를 행할 때에도 반드시 연민과 사랑을 근본으로 삼아야 할 것이다. 그런 뒤에 총명함으로 일을 살피고 위엄으로 기강을 엄숙히 하며, 고단한 이는 감싸 주고 억지 부리는 이들은 제어해야 할 것이다. 이렇게 하면 정치와 교화, 상과 벌의 효과가 말할 수 없이 커질 것이며, 이는 모두 백성들을 인자하게 대하여 편히 살게 하려는 마음에서 비롯되는 것이라 하겠다.

이와 같이 하면 유후의 백성들은 모두 만족스러운 생활을 하게 될 것이니, 비유하자면 초목이 따뜻한 봄을 맞아 촉촉한 단비를 맞는 것과 같다. 이런 이치를 안다면 '춘우'(春雨)의 의미도

2_ 유후(柳侯): 유시영을 가리키는 말.

알게 될 것이다.

　세상이 더럽게 물든 지 오래되었다. 나쁜 벼슬아치야 말할 것도 없지만 좋은 벼슬아치라는 말을 듣는 사람도 알 만하다. 자잘한 것이나 살피고 속이고 염탐하는 것을 총명하다 하고, 부당한 형벌을 내리고 위세를 부리는 것을 위엄 있다 하고, 세금을 많이 거두어 쌓아 두는 것을 능력 있다 한다. 그래서 근본이 되는 사랑은 세상에서 쓸모없는 것으로까지 여기기도 한다.

　지금 유후는 고령을 맡아 다스린 지 한 달이 채 못 되어 수십 년 동안 폐허로 있던 지역을 일으켜 새롭게 만들었는데, 백성들이 괴로워하지도 않고 비방하지도 않으니 정말 유능한 사람이라고 하겠다. 게다가 집 이름을 지을 적에도 봄비의 은혜에 깊은 감명을 받아 그 뜻을 취하여 붙였으니, 또한 근본으로 삼아야 할 바를 알고 있는 것이라 하겠다.

　유후는 재예(才藝)가 있고 명민하여 어느 직책을 맡거나 훌륭하다는 소문이 나곤 했던바, 한 고을을 다스리는 데 그칠 인물이 아니다. 이 도리를 미루어 넓혀 나가면 그로 말미암아 이익이 더욱 널리 퍼지고, 그 효과가 더욱 커질 것이다. 유후는 노력하시길."

　유시영의 새 집인 '춘우당'에 부쳐 좋은 정치의 의미를 풀어쓴 글이다. 관리는 필요에 따라 백성을 감싸고 어루만지기도 하고 엄격하게 꾸짖고 벌을 내리기도 하지만, 근본이 되는 것은 전자, 곧 연민과 사랑이다.

붓 가는 대로 쓴 글

『계곡만필』 머리말

사람은 마음 쓸 데가 없어서도 안 되지만 마음 쓸 데가 없을래야 없을 수도 없다. 공자(孔子)는 장기와 바둑을 두는 것이 가만히 있는 것보다는 낫다고 하셨는데, 이는 게으르고 놀기 좋아하는 자들을 경계하기 위해서 하신 말씀이다. 물론 아무것도 하지 않는 것이 나을 때도 있는데, 사람들은 스스로 그렇게 하질 못한다.

나는 어려서부터 재능이 보잘것없고 특별한 재주가 없어서 독서하고 글 짓는 일을 본업(本業)으로 삼아 왔다. 그래서 평소에 뭐라도 읽고 쓰지 않으면 마음 쓸 데가 없다. 몇 년 전부터 나는 남모르는 근심 때문에 병을 얻어서, 대문을 굳게 닫아걸고 세상과 인연을 끊은 채 약을 달여 먹고, 침을 놓고, 뜸을 뜨는 데에 몰두해 왔다. 이럴 때에는 욕심을 버리고 깨끗한 마음으로 지내면서 입을 다물고 빛을 감추어야 심성을 수양하고 건강을 돌보는 도리에 그럭저럭 어긋나지 않을 터였다.

그러나 오래전부터 길러 온 습관을 하루아침에 없앨 수는 없는 노릇이었다. 그래서 비록 심사숙고하여 쓰지는 못했지만 침상에 엎드려 신음하면서 틈나는 대로 가끔 붓을 잡고는 하찮은 말이나 자질구레한 이야기들의 초고(草稿)를 써 보곤 하였다.

 그 가운데에 혹 한두 가지 새로 밝혀 낸 것이 있을지 모르나, 나머지는 모두 먹다 만 음식이나 쓸데없는 행동, 길거리에서 얻어듣고 흘려버리는 말 같은 것이니 모두 덕(德)의 범주에는 들지 못하는 것들이라 하겠다.

 그런데도 이렇게 하는 것은 무언가 하지 않고서는 못 견디기 때문일까? 마음을 잘못 썼다는 말을 들어도 할 말이 없다. 그러나 이미 해 놓은 것을 버릴 수도 없어 기록해 한 편으로 만들고 내 잘못도 아울러 적어 둔다.

 을해년(1635, 인조 13) 4월에 병든 계곡(谿谷)이 쓰다.

'만필'이란 보고 듣고 느낀 것을 생각나는 대로 쓴 글로, 굳이 비교하자면 오늘날 수필이나 단상을 엮은 책과 유사하다고 하겠다. 이 글은 자신이 『계곡만필』을 집필하게 된 경위와 부족한 점을 밝히고 있는 글로, 이후 소개될 글들의 서문 격이다.

비둘기와 콩새

초(楚)나라의 굴원(屈原)은 『이소경』(離騷經)에서 '수비둘기 울며 가는가, 경박하고 약삭빨라 미워라'〔雄鳩之鳴逝兮, 余猶惡其佻巧〕라고 하였다. 비둘기는 성품이 몹시 어리숙해서 제 둥지도 스스로 만들지 못하는 놈이다. 그런데도 굴원이 비둘기가 꾀를 부려 밉다고 한 것은, 대개 예전에는 어리숙했던 자들도 지금은 변해서 꾀를 부리기 때문이다.

『시경』(詩經) 「소완」(小宛) 편에서는 '왔다 갔다 콩새들, 마당에 모여들어 곡식 낟알 쪼아 먹네'〔交交桑扈, 率場啄粟〕라고 노래하였다. 콩새는 원래 곡식을 먹지 않는데 여기서는 곡식 낟알을 쪼아 먹는다고 하였으니, 이 노래도 굴원의 글과 뜻이 같다고 하겠다.

시대가 내려오면서 풍속이 점점 나빠져 사람들이 모두 떳떳한 법도를 잃고, 군자(君子)마저도 세속의 흐름을 따라가고 있으니 시인의 말뜻이 깊다 하겠다.

콩새의 별명은 '절지'(竊脂)인데, 이는 기름기 있는 것을 훔쳐 먹는 새라는 뜻이다. 본래 고기와 같이 기름진 것만 먹던 새가 본성을 버리고 곡식을 쪼아 먹는 모습은 현실적인 조건 때문에 본래의 신념을 버리고 시류에 영합하는 사람들의 모습과 비슷하다 하겠다.

우리나라의 경직된 학풍

중국의 학술은 다양하다. 유가(儒家)가 있는가 하면, 불가(佛家)가 있고 도가(道家)가 있다. 또 정자(程子)와 주자(朱子)의 학문을 배우는 사람이 있는가 하면, 육구연(陸九淵)[1]의 학문을 배우는 사람이 있다. 학문의 길이 하나가 아닌 것이다.

그런데 우리나라에서는 유식한 사람이나 무식한 사람이나 책을 끼고 다니며 글을 읽는 사람들은 모두가 정자와 주자만을 칭송한다. 다른 학문을 하는 사람이 있다는 말은 들은 적이 없다. 그러면 혹시 이는 우리나라 선비들의 풍습이 중국 선비들의 풍습보다 나아서 그런 것인가? 아니다. 중국에는 학자가 있지만 우리나라에는 학자가 없기 때문에 그런 것이다.

대체로 중국의 인재들은 포부가 만만치 않아서 이따금 큰 뜻을 품은 인물이 나오면 성실한 마음가짐으로 학문에 매진하기 때문에 개인의 취향에 따라 학문의 내용은 달라지더라도 대개 각자가 실제로 터득하는 바가 있다. 그런데 우리나라에서는 그렇지가 못하다. 사람들이 좀스럽고 구속받는 것이 많아 도무지 뜻과 기개가 없다. 그래서 정자와 주자의 학문을 세상에서 귀하게 여긴다는 말만 듣고는 이를 입으로 뇌까리고 겉으로 높일 따

---

[1] 육구연(陸九淵): 중국 남송(南宋)의 유학자 육상산(陸象山, 1139~1192). '심즉리'(心卽理)를 주창하며 주희(朱熹)와 구별되는 학문 경향을 보였다. 육상산의 학문은 훗날 명대(明代)의 왕양명에 의해 계승되었다.

름이다. 이런 까닭에 다양한 학문이 있을 수 없으니, 유학(儒學)이라고 해서 무슨 발전이 있겠는가.

    비유해서 말하자면 땅을 개간하고 나서 씨를 뿌려야만 이삭이 패고 열매가 맺힐 것이요, 그런 뒤에야 곡식과 피를 구별할 수 있는 것이다. 아득한 황무지뿐인데 거기서 무엇을 곡식이라고 하고 무엇을 피라고 하겠는가.

성리학만을 추종하는 당대의 편향된 학문 경향을 비판한 글이다. 다양한 종의 생물이 있어야 생태계가 보존될 수 있는 것처럼, 다양한 분야의 학문이 공존해야만 학문의 세계도 더욱 확장되고 발전할 수 있다.

옛사람이 글에 쏟은 정성

송(宋)나라의 구양수(歐陽脩)는 만년(晚年)에 평생 동안 자신이 지은 글을 정리하여 『거사집』(居士集)이라는 문집을 만들었는데, 어떤 글은 수십 번을 읽으면서도 문집에 넣을지 뺄지를 정하지 못해 계속 고민하였다. 당(唐)나라의 백낙천(白樂天)의 시는 막힘없이 시원하여 글을 다듬느라 고심한 흔적이 없어 보이지만, 후에 사람들이 그 초고(草稿)를 보니 고친 흔적이 아주 많더라고 한다. 이렇게 글을 대충대충 쓰지 않았던 옛사람의 태도를 우리는 가슴에 새겨야 하리라.

글을 잘 쓰는 사람일수록 더 열심히 자신의 글을 다듬고 고치게 마련이다. 글쓰기가 너무 쉬워져 버린 요즘, 글자 하나하나를 연마하며 글을 썼던 옛사람의 정성을 생각해 봄 직하다.

즐거움을 밖에서 찾지 마라

송나라의 호문정(胡文定)이 임금의 명을 받들어 호남(湖南) 지방을 돌아보다가 형악(衡嶽)을 지나게 되었다. 그는 형악의 산세가 웅장하고 수려한 것이 마음에 들어 한번 올라가 보고 싶어 행장까지 꾸렸다가 갑자기 "이것은 직무와 관계되는 일이 아니다"라고 하고는 바로 그만두었다. 그리고 만년(晚年)에는 형악 아래에 오 년 동안 살면서도 끝내 그 산에 가지 않았다.

세상 사람들은 산수를 유람하며 감상하는 것을 고상한 취미로 여겨 어떤 사람은 관직에 몸담고 있으면서도 한곳에 눌러앉아 돌아올 줄 모르고, 심지어 자리를 비워 문제를 일으키기도 한다. 이런 사람이 호문정의 풍도(風度)를 듣는다면 반성하게 될 것이다.

유명한 산 아래에 오 년이나 한가로이 살면서 한 번도 놀러 가지 않았다는 것도 그렇다. 옛사람들은 자기 마음속에 수양하는 것이 있으면 방 안에서도 혼자 즐길 수 있었던 것이다. 그러니 어떻게 바깥의 구경거리와 자신의 진정한 즐거움을 바꿀 수 있었겠는가.

높은 관직에 있는 사람들이 직무를 저버리고 외유를 즐기는 것은 예나 오늘이나 매한가지나 보다. 공(公)과 사(私)를 엄격히 구분했던 호문정의 모습이 오늘날의 공직자들에게 귀감이 되거니와, 그가 관직을 떠난 뒤에도 관광을 즐기지 않았다는 데서 마음의 안식을 바깥에서만 찾으려고 하는 우리의 모습을 되돌아보게 된다.

이름 끼워 넣기

촉(蜀) 땅의 어떤 부유한 상인이 많은 돈을 가지고 양자운(揚子雲)[1]을 쫓아다니며 자기 이름을 『법언』(法言)[2]에 올려 주기를 청하였다. 그러나 자운은 끝내 이를 허락하지 않았다. 양자운은 글을 쓸 때 공자(孔子)를 모범으로 삼았던 사람이니, 만약 돈을 받고 글의 내용을 더하거나 뺐다면, 역사를 팔아먹은 진수(陳壽)나 위수(魏收)[3]와 무엇이 다르겠는가. 촉 땅의 상인은 실로 생각이 깊지 못한 자라 하겠다.

그렇긴 하지만 요즘 군자라고 하는 사람들은 부귀와 권세에 흠뻑 빠져 자기가 죽은 뒤에 향기가 날 것인지 악취가 날 것인지에 도무지 관심이 없으니 그 뜻이 촉 땅의 상인보다 못하다. 슬픈 일이다.

1 양자운(揚子雲) : 전한(前漢) 말의 학자 양웅(揚雄). '자운'은 그의 자(字)이다.
2 『법언』(法言): 양웅이 자신을 찾아온 사람들과 유가(儒家)의 학설을 묻고 답한 책.
3 역사를 팔아먹은 진수(陳壽)나 위수(魏收): 진수의 『삼국지』(三國志)와 위수의 『위서』(魏書)는 올바른 역사 서술이 아니라는 평가를 받기도 한다.

촉 땅의 상인처럼 헛된 명성을 좇는 것도 부끄러운 일이지만, 체면도 양심도 없이 제 이익만 챙기는 것은 더욱 부끄러운 일이다. 더구나 사회적인 책임을 가진 사람들이 남의 평가를 아랑곳하지 않고 부귀영화에만 관심이 있다면 그 사회의 미래는 더 볼 것이 없으리라.

문장의 기본 원리

문장은 논리를 위주로 써야 한다. 논리가 잘 갖추어지면 글은 꾸미지 않아도 절로 아름다워진다. 논리에 맞지 않으면서 아름다운 글도 있지만 군자는 그런 글을 아름답다고 생각하지 않는다.

장유는 문장을 평가하는 기준으로 아름다움보다는 논리를 중요시하고 있다. 논리를 갖춘 아름다움이 참아름다움이라는 것이다.

담배의 효능

남령초(南靈草)를 피우는 법은 일본에서 전래한 것이다. 일본 사람들은 이것을 담박괴(淡泊塊)라고 부르며, 이 풀의 원산지가 남쪽의 나라라고 말한다. 우리나라에는 이십 년 전에 처음으로 들어왔는데, 지금은 높은 벼슬아치부터 가마꾼과 심부름꾼·초동·목동까지 담배를 피우지 않는 사람이 없다.

이 풀은 『본초강목』(本草綱目) 같은 책에도 나와 있지 않아 그 성질이나 효능을 알 수 없다. 다만 맛을 보니 맵고 약간 독기가 있는 듯하다. 이것을 직접 먹는 사람은 아무도 없고 태워서 연기를 빨아들이는데, 많이 빨아들이면 어지럽지만 오래도록 피운 사람은 꼭 그렇지만도 않다. 여하튼 요즘 세상에 담배를 피우지 않는 사람은 백이나 천에 하나 있을까 말까다.

지난번에 절강성(浙江省) 자계(慈溪) 출신인 중국 사람 주좌(朱佐)가 말했다.

"중국에서는 남초(南草)를 연주(煙酒)라고도 하고, 연다(煙茶)라고도 합니다. 복건성(福建省)에는 백 년 전부터 있었는데, 지금은 온 세상에 퍼졌으며, 딸기코를 치료하는 데 큰 효능이 있습니다."

내가 물었다.

"이것은 건조하고 열이 있어서 분명히 폐(肺)를 상하게 할 것인데, 어떻게 딸기코를 치료할 수 있단 말입니까?"

주좌가 대답하였다.

"뭉친 기운을 풀어 주기 때문입니다."

그 말도 일리가 있다.

'남령초'는 담배의 옛 이름이다. 남쪽에서 온 신령스러운 풀이라고 해서 남령초라고 한 것이다. 주로 술독으로 코가 빨개지는 것을 딸기코라고 하는데, 딸기코인 사람이 담배를 피운다면 병이 낫기는커녕 건강을 더욱 해치지 않을까 싶다.

담배 예찬

옛날에 남방 사람들은 빈랑(檳榔) 열매[1]를 귀하게 여겨 이렇게 말했다.

"술에 취했을 땐 깨게 하고 술이 깨었을 땐 취하게 하며, 배고플 땐 배부르게 하고 배부를 땐 배고프게 한다."

이는 빈랑 열매를 너무 좋아하여 극찬한 말이다. 그런데 요즘은 남초(南草)를 좋아하는 사람들도 이런 말을 한다.

"배고플 땐 배부르게 하고 배부를 땐 배고프게 하며, 추울 땐 따뜻하게 하고 더울 땐 서늘하게 한다."

이 말이 빈랑 열매를 극찬한 말과 아주 흡사하니, 재미있는 일이다.

---

[1] 빈랑(檳榔) 열매: 빈랑나무에 열리는 달걀 모양의 열매로, 복통·두통·설사 등에 효험이 있어 한약재로 쓰인다.

장유는 담배를 매우 좋아했다. 얼마나 담배를 좋아했던지 그의 장인 김상헌이 요사스러운 풀에 홀린 사위를 구해 달라고 임금에게 상소까지 할 정도였다고 한다.

옛 관리의 집안 단속

송나라의 장천기(張天祺)가 대나무를 담당하는 관리가 되었을 때, 온 집안사람이 죽순은 입에 대지도 않았다. 옛날 사람이 관직에 있을 때 자신을 규율한 것이 이와 같았다.

옛사람의 청렴함이 가히 결벽증에 가깝다. 오해받을 만한 일은 애초에 하지 않는다는 것인데, 오늘날 공직자의 면모와 비교해 보면 그 자세가 판이하다.

좋은 시란

당나라의 시인 위응물(韋應物)은 양개부(楊開府)에게 주는 시에서 젊은 시절 호탕하고 자유분방하게 놀았던 일을 읊고 있는데, 그 말솜씨가 절묘하다. 이 시는 아마 실제로 있었던 일을 읊은 것일 테고, 양개부라는 인물도 필시 호탕하게 놀던 때의 동무일 것이다.

그런데 송나라의 유수계(劉須溪)는 이 시에 대해 말하기를, "사람들이 말하기를 위응물은 어디를 가든 주변을 깨끗이 청소한 뒤 향을 피우고 앉아 있었다고 한다. 사람이 젊었을 때와 늙었을 때가 그토록 다를 수는 없으니, 이 시는 빗대어 쓴 것일 뿐 자신의 일을 말한 것은 아니다"라고 하였다.

그러나 내 생각은 다르다. 나는 시란 자신의 마음을 표현하는 것이어서 진실한 마음과 실제 있었던 일을 써야만 좋은 시가 된다고 생각한다. 만약 없는 일을 억지로 꾸며 쓴다면 아무리 솜씨가 있어도 잘 썼다고 할 수 없다.

위응물은 젊었을 때는 삼위랑(三衛郞)이 되어 현종(玄宗)을 섬기다가, 뒤에 가서야 절제하고 독서에 매진했다. 사람이란 본래 젊었을 때는 호탕하게 놀다가도 나이가 들어 가면서 차차 고요해지는 것이다. 그러니 어떤 사람에 대해 말하면서 한 가지만 보아서야 되겠는가?

수계(須溪)가 시를 평한 것을 보면 뜻이 매우 잘 통하나 이따금씩 천착(穿鑿)한 나머지 잘못 해석한 곳이 있으니, 독자들은 이 점을 알아야 할 것이다.

장유는 내 마음은 진실하게, 대상은 사실 그대로 쓰는 것이 좋은 시라고 생각하고 있다. 여기에서의 '진실'이나 '사실'이 꼭 피상적인 사실 관계만을 의미하는 것은 아닐 터이다. 시적(詩的) 진실은 '있는 그대로'의 차원을 넘어선 곳 어딘가에 있을 것이다.

즐거운 요상함

 사물이 정상적이지 않은 상태를 요상하다고 한다.

 송(宋)나라 희녕(熙寧) 원년(1068)에 담주(潭州)의 산이 갈라지면서 쌀이 쏟아져 나왔다. 원풍(元豊) 3년(1080)에 청주(青州)에서는 돌이 변해 국수가 되었다. 한(漢)나라 환제(桓帝) 때에는 북쪽 지방에서 양(羊) 갈비 같은 고기 비가 내렸다. 남제(南齊) 고제(高帝)의 건원(建元) 원년(479)에는 형주(荊州)의 천정(天井) 호수에서 솜이 나왔는데, 사람들이 써 보니 보통 솜과 똑같았다. 측천무후(則天武后) 수공(垂拱) 3년(687)에는 위주(魏州)의 땅속에서 길이가 수십 길이나 되는 배 모양의 무쇠 덩어리가 나왔다. 또 광주(廣州)에서는 황금 비가 내렸다. 송나라 소흥(紹興) 연간에는 은(銀) 비가 내렸다.

 이러한 일들은 모두 큰 이변으로, 여러 책에 기록된 것이다. 하지만 만일 세상의 이변이 모두 이와 같다면 사람에게 큰 이득이 될 것이다.

 산에서 쌀이 나오고 돌이 국수가 된다면 배고픈 백성들이 먹을거리 걱정을 하지 않아도 될 것이요, 호수에서 솜이 나온다면 누에 치는 아낙네가 수고하지 않아도 될 것이요, 하늘에서 고기

비가 내린다면 콩잎을 먹는 백성들이 고기를 배불리 먹을 것이요, 땅속에서 무쇠가 나온다면 애써 쇠를 단련하지 않아도 될 것이요, 하늘에서 금 비와 은 비가 내린다면 탐욕스러운 자들이 금과 은을 시장에서 훔치는 죄를 짓지 않게 될 것이다.

아! 그런데 요즘에는 옛날의 상서로운 일도 없을 뿐만 아니라 이변도 옛날 같지가 않다. 슬픈 일이다.

상상력은 현실에서의 결여와 상관이 있다. 백성의 굶주림과 고달픈 노동, 횡행하는 도적질이 없는 세상을 장유는 꿈꾸었을 것이다.

말보다 글

　『주역』(周易)에 '글로는 말하고 싶은 것을 다 쓰지 못하고, 말로는 가슴속의 뜻을 다 표현하지 못한다'라는 말이 있다. 가슴속의 미묘한 것은 말로도 제대로 표현할 수가 없는데, 하물며 글로 형용하려 한다면 너무나 어려운 일이 아니겠는가.
　옛사람이 말하기를, "육선공(陸宣公)은 말로 하기 어려운 것을 글로 쏟아 낸다"라고 하였는데, 그렇다면 육선공은 말로 할 수 없는 것을 글로 다 표현했다는 말이 된다. 이것이야말로 붓끝에 혀가 달려 있다는 것이 아니겠는가.

말보다는 글, 글보다는 마음이 참된 것에 가깝지 않을까? 그러나 다시 마음은 글로, 글은 말로 풀어야 하는 것이 문제이다. 도(道)는 말이나 글로 표현할 수 없는 것이건만, 말이나 글로 표현해야만 하는 것이 인간의 숙제이다.

갓난아이, 담쟁이, 그림자, 도둑놈, 짐승

남에게 의지해야 일어설 수 있는 것은 갓난아이이고, 남에게 빌붙어 자라는 것은 담쟁이이고, 남을 따라 변하는 것은 그림자이다. 남의 물건을 훔쳐서 자기를 이롭게 하는 자는 도둑놈이고, 남을 해쳐서 자기를 살찌우는 자는 짐승이다. 사람이 만약 이 다섯 가지에 해당한다면, 군자가 못 되고 소인이 되고 만다. 그나마 나중의 두 가지는 명백한 잘못이라 쉽게 피해 갈 수 있다지만, 앞의 세 가지는 잘 드러나지 않는 잘못이라 살피기가 더욱 어렵다. 그러므로 자신의 행실을 닦아 가는 사람은 경계하지 않을 수 없다.

잘못인 줄도 모르는 잘못, 남들이 잘 모르는 잘못은 쉽게 고칠 수가 없기에 더 무섭다. 그런 잘못을 고쳐 나가는 것이 진정한 자기 수양일 것이다.

정의와 욕심

　사람은 반드시 자신을 다스려야 남에게 의지하지 않게 되고, 스스로 일어서야 남에게 빌붙지 않게 되고, 자신을 지켜야 남을 따라 하지 않게 되고, 의롭지 못한 행동을 부끄러워해야 남의 물건을 훔치지 않게 되고, 어질지 못한 것을 싫어해야 남을 해치지 않게 된다. 요컨대 의로운 행동과 이익을 챙기는 행동을 분간해야 한다.

　우리가 하는 행동은 많은 경우 타인과 관련되어 있다. 그러나 자신의 행동을 규율할 수 있는 존재는 자신뿐이므로 눈앞의 이익이나 편의에 이끌려 정의를 버리지 않기 위해서는 '자신을 지키는' 것이 중요하다.

글 쓰는 사람의 자존심

송(宋)나라의 왕안석(王安石)이 어떤 사람의 묘문(墓文)을 지어 주었는데, 그 가족이 내용을 고쳐 달라고 하였으나 그는 소신을 지켜 이를 허락하지 않았다. 구양수(歐陽脩)가 윤사로(尹師魯)의 묘지명(墓誌銘)을 지었을 때, 어떤 사람이 묘지명에 칭찬이 부족하다고 하자 그는 다른 글까지 써서 자신의 견해를 밝혔다. 이렇게 옛사람들은 글을 쓸 때 구차하게 남의 의견을 따르지 않았다.

글씨를 쓰는 것은 글을 쓰는 것에 비하면 좀 작은 기예이지만, 글씨 잘 쓰는 사람 역시 스스로 자존심을 버리지 않았다. 송(宋)나라 사람 장유(張有)는 전서(篆書)를 잘 썼는데, 한(漢)나라 허신(許愼)의 『설문해자』(說文解字)를 모범으로 삼아 점 하나 획 하나도 어긋나지 않게 글씨를 썼다. 한번은 임터(林攄)의 어머니 위국부인(魏國夫人)을 위해 묘도문자(墓道文字)의 글씨를 써 주었는데, '위'(魏) 자 위에 '산'(山) 자를 쓰자 임터는 글씨가 잘못되었다고 항의하였다. 이에 장유는 『설문해자』를 증거로 제시하면서 "내 손은 자를 수 있지만 글자는 바꿀 수 없다"라고 하였다. 그러자 임터도 어찌해 볼 도리가 없었다.

지금까지 나는 다른 사람을 위해 글을 써 주면서 내용을 고쳐 달라고 하면 마지못해 고쳐 주곤 하였는데, 이는 신념이 확고하지 못하고 주관이 뚜렷하지 못했기 때문이다. 옛사람의 행동을 돌아보면 나도 모르게 얼굴이 화끈 달아오른다.

붓을 굽힌다는 뜻의 곡필(曲筆)이라는 말이 있는데, 사실을 왜곡하여 쓰는 일을 가리킨다. 거짓말은 어떤 경우에도 하지 말아야겠거니와, 특히 글 쓰는 이들은 한 자라도 사실과 어긋나는 일을 쓰면 이것이 두고두고 부끄러움으로 남게 된다는 점을 기억해야 한다.

글을 볼 줄 아는 사람

좋은 글은 본래 바탕이 좋고, 나쁜 글은 본래 바탕이 나쁘다. 하지만 글이라는 것이 워낙 미세하고 변화가 많은 것이어서, 글에 밝은 사람만이 그 수준을 알아볼 수 있다. 일정한 경지에 이르지도 않고서는 글의 미묘한 뜻을 이해할 수 없는 것이다.

그렇기 때문에 글을 잘 볼 줄 모르는 사람은 돌멩이를 옥(玉)이라 하고 고상한 것을 세속적인 것이라 해도 분간하지 못하지만, 글을 볼 줄 아는 사람은 저울로 무게를 달고 자로 길이를 재듯 글을 보기 때문에 속이려 해도 속일 수 없다.

그런데 지금은 말세(末世)가 되어 도무지 안목 있는 사람을 찾아볼 수가 없다. 그리하여 오직 세속의 명성이나 자신의 기호에 따라 글에 대한 평가를 높이거나 낮추고 있으니 헐뜯어도 노여워할 필요가 없고, 칭찬을 해도 기뻐할 필요가 없다. 근본적으로 글을 볼 줄 모르기에 그런 것이기 때문이다. 아! 글을 볼 줄 모르는 사람과 어찌 함께 말을 할 수 있겠는가.

일정한 안목을 갖추지 못한 사람의 평가는 귀담아 들을 것이 없다. 반대로 안목 있는 사람의 말은 내 마음에 거슬려도 경청할 일이다. 김민기 노래 중에 '말 같지 않은 말에 지친 내 귀가 말들을 모두 잊어 듣지 못했네'라는 노랫말이 생각난다. 『계곡만필』 권1의 152번째 꼭지 중에서 일부를 발췌하여 번역하였다.

늦깎이 공부

옛날 문장가들 중에는 어린 시절부터 재주가 빼어났던 사람도 많지만, 늦게 공부를 시작해 성취가 있었던 사람도 있다.

황보밀(皇甫謐)은 스무 살까지 배우기를 좋아하지 않다가 후에 깊이 깨달은 바가 있어 선생을 찾아가 글을 배웠는데, 마침내 여러 학자의 학문을 두루 익혀 세상 사람들이 그를 현안 선생(玄晏先生)이라고 칭송하게 되었다. 진자앙(陳子昂)은 부잣집 아들로 열일고여덟이 될 때까지 글공부를 않다가 분발하여 뜻을 세우고는 경전(經典) 공부에 혼신의 힘을 쏟아 마침내 문장으로 세상에 이름을 떨쳤다. 소순(蘇洵)은 서른이 다 되도록 글공부를 않다가 스물일곱 살 무렵이 되어서야 분발하여 글을 읽기 시작했는데, 대여섯 해가 지난 뒤에 훌륭한 글을 쓰게 되었다.

이렇게 보면 배우는 데 얼마나 힘을 쏟느냐가 문제이지 일찍 시작하고 늦게 시작하고는 문제가 되지 않는다.

배움에는 나이가 없고, 늦었다고 생각할 때가 가장 빠르다는 말이 새삼스럽다. 요즘처럼 세상의 변화가 빠르고 정보의 양이 많은 시대에는 더욱더 배움의 시기가 문제되지 않는 것 같다.

시를 지을 때 다섯 가지 유의할 점

나는 시를 지을 때 항상 다음의 다섯 가지를 유의한다. 유행하는 기교를 부리지 말 것, 의미가 잘 통하지 않는 말을 쓰지 말 것, 표절하지 말 것, 남을 흉내 내지 말 것, 의심스러운 일이나 너무 튀는 말을 쓰지 말 것 등이 그것이다.

독창성과 진실성에 비중을 둔 시작(詩作)의 원칙들이다. 비단 시를 쓸 때뿐만 아니라 다른 글을 쓸 때도 유념해야 할 말들이다. 『계곡만필』 권1의 156번째 쪽지 중에서 일부를 발췌하여 번역하였다.

여름벌레가 얼음을 알랴

우물 안의 개구리는 바다가 정말 있는지 의심하고, 여름벌레는 얼음이 정말 있는지 의심한다. 이는 견문이 좁기 때문이다.

그러나 세상의 군자라고 하는 이들 역시 좀 이상하다 싶은 일을 들으면 당장 손을 내저으며 믿지 않고 "세상에 그럴 리가 있겠는가"라고 말한다. 이것은 천지가 넓디넓어 그 안에 없는 것이 없다는 것을 몰라서 하는 말이다. 지금 자기 생각으로 이해할 수 없는 것이라고 해서 모두 없는 것으로 여긴다면 이 얼마나 옹졸한 태도인가.

옛날에 위(魏) 문제(文帝)가 『전론』(典論)을 지을 때, 처음에는 불에 타지 않는 옷감은 없다고 생각했다가 뒤에 잘못을 깨닫고 바로잡았다. 위 문제처럼 박학(博學)한 인물도 그런 실수를 했는데, 하물며 후대 사람들이야 더 말할 것이 있겠는가. 공자께서 남의 이야기를 많이 듣는 것과 의심스러운 것은 건드리지 않고 그대로 후대에 전하는 것을 중요하게 여긴 것도 아마 이런 이유에서일 것이다.

우리의 지식과 안목이란 지극히 협소한 시간과 공간에 바탕을 둔 것으로, 언제나 바뀔 수 있는 것이다. 이런 점을 기억해야만 타자의 다양성을 인정하고 이를 통해 자아를 확장시키는 경험을 할 수 있을 것이다.

아름다운 부인과 못생긴 부인

옛사람의 시가(詩歌)에는 아름다운 부인과 못생긴 부인을 각각 군자와 소인에 비유한 것이 많이 보인다.

가령 모모(嫫母)는 황제(黃帝)의 비(妃)였고 무염(無鹽)은 제(齊)나라 왕후였는데, 모두 어진 덕의 소유자였으면서도 단지 못생겼다는 이유만으로 함께 비난과 조롱을 받곤 하였다. 이는 부인들의 용모만 중시하여 외모만 거론하고 덕(德)은 거론하지 않았기 때문이다.

그러나 맹광(孟光)은 꼭 모모나 무염보다 더 어질었다고 할 수 없고, 또 못생긴 것으로 유명했는데도 유독 시인들의 칭송을 받곤 했다. 그러고 보면 못생긴 부인 가운데도 운이 좋은 사람과 운이 나쁜 사람이 있는 것인가. 참 우스운 일이다. 우연히 '못생긴 모모는 비단옷을 입고, 아름다운 서시(西施)는 나뭇짐을 졌구나'라는 이백(李白)의 시 구절을 읽고 부질없이 적어 본다.

여성이 외모 때문에 정당한 평가를 받지 못하는 것은 예나 지금이나 비슷한 데가 있다. 못생겨서 마음도 못생겼다고 하는가 하면, 못생겼지만 마음은 예쁘다고도 하는 건 남성의 잣대가 수시로 바뀌기 때문이다.

자기 안의 신

소옹(邵雍)의 『관물외편』(觀物外篇)에 '사람의 신(神)은 바로 천지(天地)의 신(神)이다. 그래서 사람이 자신을 속이는 것은 곧 천지를 속이는 것이니 조심하지 않을 수 있겠는가'라는 말이 나온다. 참으로 훌륭한 말이다. 이 말은 『중용』(中庸)의 '도라는 것은 잠시도 떠날 수가 없는 것이니, 보이지 않고 들리지 않더라도 조심하고 두려워해야 한다'라는 말의 뜻과 서로 부합한다.

개인은 하나의 작은 우주이다. 따라서 자기 안에서도 우주의 섭리가 순조롭게 운행할 수 있도록 행동을 삼가야 한다. 『대학』(大學)에서 '군자는 혼자 있을 때에도 행동을 삼가야 한다'라고 말한 것도 비슷한 뜻이다.

해설

다양한 존재의 공존을 꿈꾸다

1

장유(張維)는 독자들에게 다소 낯선 인물일 수 있지만, 실은 조선 중기에 글 잘 쓰기로 유명했던 4대 문인 가운데 한 사람으로 꼽히는 인물이다. 장유는 1587년에 태어나 1638년에 세상을 떠났는데, 그의 생애 동안 우리가 잘 알고 있는 광해군의 폭정·인조반정·정묘호란·병자호란 등의 굵직한 역사적 사건들이 있었고, 그의 삶은 이러한 사건과 더불어 변화를 거듭했다. 그는 이십대 초반에 벼슬길에 들어섰는데, 몇 년 후 광해군을 시해하려는 음모에 가담한 처남 때문에 벼슬을 그만두고 낙향했다가 인조반정과 함께 정계에 복귀하였다. 또, 정묘호란과 병자호란 때는 임금을 모시고 강화도와 남한산성으로 피난길을 떠나기도 했다. 병자호란 때 벗 최명길과 함께 강화를 주장하기도 했던 그는 대체로 당대의 역사 한가운데 서 있었던 정치인이자 문인이었다고 할 수 있다.

2

장유는 어린 시절부터 총명함이 남달라 십대에 경서(經書)를 모두 암기하였고, 똑똑하다는 소문이 장안에 두루 퍼져 그를 만나러 오는 선비들이 줄을 이었다고 한다. 심지어 이십대 초반의 이른 나이에 과거에 급제했음에도 사람들은 그의 급제가 너무 늦었다고 아쉬워할 정도였다. 이런 총명함 덕분에 장유는 전방위적인 독서와 공부를 수행할 수 있었고 따라서 학문의 편폭도 당대의 다른 학자들에 비해 매우 넓었다. 장유는 성리학만을 정통으로 인정하는 당시 조선의 분위기를 그대로 따르지 않았다. 그는 유학은 물론, 제자백가, 도교, 불교 등 다양한 학문에 관심을 가지고 그 내용을 흡수하였으며 특히 성리학과 모든 면에서 이질적이어서 이단(異端)에 가까운 취급을 받았던 양명학(陽明學)에 조예가 깊었다. 『계곡만필』 가운데 「우리나라의 경직된 학풍(學風)」이라는 글에서 그는 성리학만을 중시하는 조선의 학문적 상황을 중국과 비교하며 다음과 같이 비판하고 있다.

중국의 학술은 다양하다. 유가(儒家)가 있는가 하면 불가(佛家)가 있고 도가(道家)가 있다. 또 정자(程子)와 주자(朱子)의 학문을 배우는 사람이 있는가 하면, 육구연(陸九淵)의 학문을 배우는 사람이 있다. 학문의 길이 하나가 아닌 것이다.

그런데 우리나라에서는 유식한 사람이나 무식한 사람이나 책을 끼고 다니며 글을 읽는 사람들이 모두가 정자와 주자만을 칭송한다. (……) 그래서 정자와 주자의 학문을 세상에서 귀하게 여긴다는 말만 듣고는 이를 입으로 뇌까리고 겉으로 높일 따름이다. 이런 까닭에 다양한 학문이 있을 수 없으니, 유학(儒學)이라고 해서 무슨 발전이 있겠는가.

비유해서 말하자면 땅을 개간하고 나서 씨를 뿌려야만 이삭이 패고 열매가 맺힐 것이요, 그런 뒤에야 곡식과 피를 구별할 수 있는 것이다. 아득한 황무지뿐인데 거기서 무엇을 곡식이라고 하고 무엇을 피라고 하겠는가.

장유는 중국의 학문이 발전할 수 있었던 까닭을 다양한 학문이 성장할 수 있는 지적(知的) 풍토에서 찾고 있다. 남이 중요하다고 하는 것을 무조건 따라 하지 말고 독자적인 관심을 계발하고 다양성을 보장해야만 그 가운데서 진정 훌륭한 것이 나올 수 있다는 것이다. 이런 관점에서 조선의 학문적 상황은 피, 곧 쓸모없다고 여겨지는 것을 없애 버리려다 아무것도 자라지 않게 된 황무지와 같았다.

그는 메마른 황무지가 아닌, 여러 가지 풀과 나무와 곡식과 열매가 함께 자라는 풍성한 들판을 꿈꾸었다. 학문에 대한 관점에서 확인할 수 있는 다양성에 대한 인정과 추구는 다른 사물을 보는 그의 시선에서도 마찬가지로 나타난다. 장유는 서로 같지 않은 것을 억지로 같게 만드는 태도를 경계한다. 다른 것을 같게 만들기 위해서는 그에 상당하는 폭력과 억압이 필요하기 때문이다. 다른 것을 억지로 동화시킬 것이 아니라 차이를 인정하고 오히려 그 차이를 없애려 하는 자신을 반성하고 돌아볼 것, 그래서 다른 사람과는 물론 우주의 다른 사물과도 평화롭게 공존할 것을 요구하는 장유의 생각이 비유적인 언술을 통해 날카롭게 드러난 작품이 바로 「개구리 울음소리」이다.

　이 작품에서 묵소자로 지칭되는 장유는 고요히 숨어 지내는 생활을 하고 있었는데, 비가 온 뒤 모여들어 울어 대는 개구리 소리가 너무 시끄러워 거문고도 타지 못하고 책도 읽지 못한다. 묵소자는 시끄러운 소리를 참지 못해 재를 뿌려 개구리를 죽이려고도 해 보지만 뜻대로 되지 않아서 고민에 싸인다. 이때 지나가던 사람이 묵소자에게 자신의 생각을 다음과 같이 들려준다.

> 그대는 도무지 사리분별을 못하는구려.
> 사람 생리의 변덕스러움도
> 사물의 성질도 모르고 있소.

광활한 이 우주에는

만물이 어울려 살면서

각자 형체와 기운을 받아

꾸밈없는 본연의 소리를 내는데

제 성질대로 표현하는 것이지

사람더러 보고 들으라는 건 아니라오.

사람도 그렇소이다

좋아하고 싫어하는 것이 각자 달라서

성인(聖人)의 음악조차

묵자(墨子)의 무리에겐 비난을 받았다오.

어찌 그 많은 움직임과 모양과 소리를

그대가 즐길거리로 삼을 수 있겠으며

어찌 저 만물이 제 천성을 바꾸어

그대의 눈과 귀만 즐겁게 해 줄 수 있겠소?

지나가던 사람의 목소리를 통해 전달되는 이 글의 주제는 우선 인간 중심적 사고에 대한 비판에 초점이 맞추어져 있다. 세상의 모든 사물은 각기 생존의 이유와 조건을 타고났건만 인간이 자신만 중한 줄 알고 다른 존재의 존재 의의를 부정하고 있다는 것이다. 이 말은 사람의 경우에 빗대어 생각해 보면 쉽다. 사람이 저마다 개성이 달라서 맑은 목소리를 가지고 있기도 하고 허스키한 목소리를 가지고 있기도 한 것처럼, 또 취향이 달라서 맑은 목소리를 좋아하기도 하고 허스키한 목소리를 좋아하기도 하는 것처럼, 세상의 모든 사물은 타고난 특성을 가지고 있고 그것을 받아들이는 태도도 제각각이다. 그런데 누군가가 그러한 생물의 여러 가지 특성을 제 취향에 맞추어 뜯어고치거나 아예 없애 버리려 한다면 그것은 자기중심적인 폭력에 다름 아니다. 자연 만물이 내는 소리 가운데 듣기 싫은 소리도 인간더러 들으라고 내는 것이 아닌 것처럼 듣기 좋은 소리 또한 인간더러 들으라고 내는 것이 아니다. 이런 점에서 개구리를 싫어하고 개구리를 없애려 하는 행위는 바로 인간 중심의 폭력인 셈이다.

> 지금 그대는 자신만 생각하고 사물은 남이라 여기고
> 자신에 갇혀 남을 미워하고 있구려.
> 나와 사물이 모두 자연의 소리를 내며
> 통하고 막힌 것의 근원이 같음을 모르고서
> 꼭 생물을 죽이고 내 뜻대로 하려 하니
> 바로 이치를 몰라 어진 행동을 못하는 것이 아니겠소?
> 아니면 작은 즐거움 때문에 큰 근심은 묻어 버리거나
> 작은 고민은 해결하고 큰 피해는 내버려 두는 셈이니

개구리가 시끄럽게 우는 건 싫은 줄 알면서
큰 개구리가 크게 떠드는 게 진짜 싫은 줄은 모르는 것이라오.
이런 사실 미루어 알질 못하니
어쩌면 그리도 어리석은 게요?

　인간은 제가 보고 듣고 먹기에 즐거운 사물은 마음껏 이용하고, 제가 보고 듣고 먹기에 괴로운 사물은 없애려 든다. 그러나 사물의 관점에서 본다면 인간 또한 듣기 싫은 소리를 내는 '큰 개구리'에 불과하다. 오히려 다른 생물에게 끼치는 해악은 조그만 개구리에 비할 바가 아니다. 그렇다면 중요한 것은 인간과 사물의 관점을 동시에 취하는 것이다. 달리 말해 나와 남의 관점을 동시에 취하는 것이다. 그렇게 하기 위해서는 나의 소리도 남의 소리도 모두 '자연의 소리'이며 그 '근원이 같음'을 이해하고 받아들여야 한다. 지나가던 사람은 바로 이런 사실을 모른다며 묵소자를 어리석다고 타박하는 것이다. 그리고 이 타박은 실은 묵소자 장유가 우리 모두에게 주는 경계이다.
　서로 달라 보이거나 심지어 정반대로 보이는 사물이나 현상에 같은 본질이 내재되어 있다는 사실은 장유의 산문에서 여러 가지 방식으로 변주되는 주제 가운데 하나이다. 직역하면 「마구하는 말」이라고 옮길 수 있고, 이 책에는 「삶과 죽음은 하나다」

라는 제목으로 실려 있는 「방언」(放言)에는 장유의 이러한 주제 의식이 간명하게 요약되어 있다.

> 만물은 본래 하나였는데 몸이 나누어지면서 서로 단절되었다. 몸은 밖에서 단절되고 정신은 내부에 갇혀, 나와 남이 서로 통하지 않게 되어 마침내 이기심이 생겨났다. 그리하여 좋고 싫음에 따라 서로 빼앗고, 이익과 손해에 따라 서로 공격하여 싸움이 번지고 혼란이 야기되었으니 참 측은한 일이다. 이기심을 극복하면 몸이 장애물이 되지 않고, 순리대로 하면 정신이 갇히지 않을 것이니, 그러면 남이 내가 되고 내가 남이 되어 만물이 하나의 틀 안에 들어오고 삶과 죽음도 같은 것이 될 것이다.

우리는 나/남, 몸/마음, 삶/죽음 등의 이항 대립의 짝을 통해 사유하는 것에 익숙하다. 이 글에서 언급하고 있지는 않지만 그 밖에도 밤/낮, 여성/남성, 아이/어른 등의 수많은 개념의 짝패는 우리가 세상을 인식하는 유용한 도구가 되고 있다. 그러나 이분법의 틀에만 갇힐 경우, 둘 사이에 이도 저도 아닌 점이 지대가 있으며, 둘 사이의 구분은 절대적이 아니며, 실은 둘은 같은 본질을 공유하고 있다는 사실을 망각하기가 쉽다. 「개구리 울음소리」의 비유를 빌리자면 인간과 개구리 사이에는 '개구리 왕자' 같은 존재가 있을 수도 있으며, 포유류인 인간과 파충류인 개구리라는 구분은 인간의 편의에 의한 구분일 뿐이며, 인간과 개구리는 하나의 생명이라는 점에서 본질적으로 같다는 사실 등을 우리가 너무 쉽게 망각하게 된다는 것이다. 이런 사실을 망각할 때 사람에게는 이기심이 생긴다. 자연과 그 속의 생물을 파괴하고 없애는 것은 물론, 같은 종인 인간까지 속이고 죽일 수 있는 마음을 가지게 된다. 장유는 이 이기심을 극복해야만 이 세상에 만연한 다툼과 혼란이 사라지리라고 보고 있다.

3

이러한 장유의 입장은 기본적으로 노장 사상(老莊思想)에 바탕을 둔 것이다. 그의 글 가운데는 노장 사상을 자연스럽게 용해시켜 쓴 것이 있는가 하면, 노장의 글을 적절히 변용하여 쓴 것들도 있다. 「굽은 나무와 굽은 선비」라는 글은 『장자』(莊子)에 나오는, 굽어서 쓸모없는 나무가 오히려 쓸모 있다는 역설적인 우화에서 아이디어를 얻어 쓴 것으로 보인다.

그 내용은 이러하다. 장생(張生)이라는 자가 앞과 좌우가 곧은 나무를 좋은 재목으로 생각하고 베려다가 뒤가 굽은 것을 알게 된다. 이에 장생은 좋은 재목처럼 보이지만 실은 굽어 있는 나무와 같이 겉은 그럴 듯해 보이지만 실은 굽어 있는 자들이 많은 현실을 개탄한다. 이 말을 들은 장유는 장생의 안목을 칭찬하며 다음과 같은 말을 덧붙인다.

내가 세상일을 살펴보니 나무 굽은 것은 보잘것없는 목수도 가져다 쓰지 않거늘, 사람 굽은 것은 아무리 잘 다스려지는 시대에도 등용되지 않은 적이 없었다. 큰 건물을 한번 보아라. 마룻대나 기둥, 서까래는 물론 구름 모양이나 물결 모양의 장식까지 구부러진 재목을 쓴 경우를 보지 못했을 것이다. 그런데 조정을 한번 보아라. 공경(公卿)과 사대부(士大夫)로서 높은 지위에 올라 조정에서 거드름 피우는 자들치고 곧은 도를 지닌 자는 보지 못했을 것이다. 이렇게 굽은 나무는 늘 불행하지만 굽은 사람은 늘 행복하다.
'거문고 줄처럼 곧으면 길가에서 죽고, 갈고리처럼 굽으면 공후(公侯)에 봉해진다'는 말도 있지 않은가. 이 말을 보아도 굽은 선비가 굽은 나무보다 낫다는 것을 알 수 있지 않은가.

장유가 보기에 굽은 나무가 쓸모가 없어서 자신을 보전하게 되는 소극적인 혹은 역설적인 쓸모를 가진다면, 그와 같이 쓸모 없는 굽은 선비도 등용되지 않고 그저 제 한 몸 보전하며 평범하게 살아야 한다. 그런데 인간의 세계에서는 쓸모없는 자가 오히려 더 득세하는 형국이다. 자연의 당연한 이치가 인간의 세계에서는 통용되지 않는 것이다. 그래서 장유는 굽은 선비가 굽은 나무보다 낫다는 아이러니를 구사한다. 사람으로 태어나 출세하려면 오히려 굽어야 한다는 것이다. 태연한 어조 속에 굽은 선비가 등용되는 부당한 현실에 대한 비판이 담겨 있음은 물론이다. 이렇게 노장의 글을 변용하여 현실의 문제와 결부시켜 쓴 글은 장유의 학문적 지향과 사회에 대한 태도를 잘 보여준다.

    장유는 기본적으로 자연의 원리가 인간 세계의 복잡한 현실에 지혜를 제공해 줄 수 있다는 생각을 가지고 있었다. 그는 다른 여러 편의 글에서도 인위적인 힘이 가해지지 않은 자연 그대로의 상태, 자연과 하늘의 이치에 순응하는 삶의 자세 등을 강조하고 있는데, 「자연의 솜씨」와 「대숲에 부는 바람」 등의 작품이 그런 예이다.

    무극자의 솜씨는 보되 눈으로 보지 않고, 작업을 하되 손으로 하지 않고, 생각하되 마음으로 하지 않으며, 새기되 연장을 쓰지 않는 솜씨라네. 무늬나 채색이 없이도 화려하고, 털이나 깃

없이도 꾸밈새가 있지. 자연에 근본을 두고 무위(無爲)를 본체로 삼아 원기(元氣)를 운행시키는데, 음양(陰陽)을 그릇으로 삼고 오행(五行)을 재료로 삼아 사계절에 따라 움직이게 하면서 바람과 비로 변화를 주고, 날개를 달아 하늘을 날게 하고 다리를 붙여 대지를 달리게 하지.

위의 글은 「자연의 솜씨」의 일부로, 무엇이든 진짜와 닮게 만들어 내는 최고의 솜씨를 가진 이를 찾는 초(楚)나라 공자에게 동곽(東郭) 선생이 무극자(無極子)라는 존재를 소개하는 부분이다. 인위적인 힘을 전혀 가하지 않고도 모든 것을 가능케 하는 이 무극자라는 존재는 실상 '자연'으로, 이 글 전체에서 장유는 인위적인 솜씨로 재주를 부리기보다는 자연에 순응하여 천지만물을 자신의 것으로 받아들일 것을 권유하고 있다. 자연을 따르면 억지로 무엇을 만들 필요도 없이 모든 것이 내 것이 된다는 것이다.

「대숲에 부는 바람」이라는 글에서는 정자의 "대숲에 바람이 불면 대숲은 무심한 상태로 느껴 반응한다"라는 말을 원용하여, 바람이 부는 대로 움직이는 대나무처럼 인간도 바깥의 사물이 미치는 영향을 열린 태도로 받아들여야 한다고 말하고 있다. 또 "바깥의 사물이 내게 영향을 미칠 때에는 각각 하늘의 법칙이 있으니, 그 이치대로 반응하면 누군들 하늘과 같지 않겠는가"라는 말을 통해 그러한 태도가 천리(天理)를 따르는 것이라는 생각을 드러내고 있다.

4

장유의 개인시로 눈을 돌려보면, 그는 평생을 병과 함께하며 많은 시간을 때로는 괴롭게 때로는 쓸쓸하게 보냈다. 병중의 심회는 주로 시에 나타나 있는데 병중의 체험과 감상을 담은 그의 시들은 대개 부드럽고 모나지 않은 인상을 준다. 병약한 체질과 정치적 시련으로 인해 개인적인 고통이 없지 않았겠으나, 장유는 자신의 곤란함을 원망하고 거부하기보다는 거기에 순응하고 그것을 인정하는 모습을 보여 준다. 「병중에 답청일을 맞아」라는 제목의 시 가운데 마지막 부분에 해당하는 다음의 내용이 그러하다.

백 년도 못 사는 인생	靜思百齡期,
갑자기 폭풍을 만나	飄忽風中嵐.
봄날의 즐거움 못다 누리고	靑陽失歡娛,

백발만 늘어 가니 속이 타누나.	衰白增憂悷.
억지로 젊게 살려 해도	强欲學年少,
병 때문에 어쩔 수 없네.	奈此病不堪.
조용히 지내는 것도 나름의 멋이 있으니	靜躁各異趣,
말없이 버려 두면 되는 것이지.	棄置無多譚.

시인은 몸이 아파 다른 사람처럼 봄날을 즐길 수 없는 것을 안타까워하지만, 그렇다고 해서 무리하게 남과 같은 즐거움을 얻으려 하지도 않는다. 질병의 고통을 인정하며 조용히 받아들이고, 오히려 그 속에서 나름의 멋을 찾고 있다. 그는 병 때문에 고통스러워하고 혼자 자리보전을 하느라 외로워하기도 하지만, 병을 삶에서 제거해야 할 무엇으로는 생각하지 않았다. 그는 병을 삶의 일부로 순순히 받아들였으며 나아가 죽음까지도 삶과 떼어 놓고 생각하지 않았다. 그의 시와 산문에는 병과 죽음을 삶의 일부 내지 삶과 나란한 무엇으로 보는 관점이 두드러진다. 앞서 언급한 「삶과 죽음은 하나다」라는 글에서 '삶은 낮, 죽음은 밤'이라고 하고, '삶과 죽음'은 '같은 것'이라고 한 것이 그런 예이다. 「병석에 누워」라는 제목의 시에서도 '자리에 누워 세월 보내니, 세상의 만남과 이별이 줄어서 좋네', '평생 고요하고 한산한 걸 좋아해. 병중(病中)에도 정신은 맑디맑으오'와 같은 구절

을 통해 질병의 고통을 극복하려는 선량한 의지와 삶의 의미에 대한 성찰을 보여준다.

　장유에 대한 세간의 평가를 살펴보면 실제로도 그는 비교적 부드럽고 유순한 성품의 인간이었던 것 같다. 실제로 장유에 대해 언급한 옛사람의 글에서는 그의 문장과 인품을 함께 칭찬한 경우를 자주 볼 수 있다. 독자들에게 '오성과 한음'의 오성으로 잘 알려져 있는 이항복(李恒福)은 장유의 문장과 덕행이 공자(孔子)의 수제자인 안연(顔淵)에 비해서도 손색이 없을 것이라며 그를 칭송했고, 권필(權韠)은 그의 인품이 워낙 뛰어나 문장이 도리어 사람만 못하다고까지 말했다.

　특히 장유는 높은 관직을 역임하고 왕후의 아버지로 부원군(府院君)의 자리에까지 올랐음에도 불구하고 매우 청렴하고 검소한 삶을 살았던 것으로 알려져 있다. 그는 인조반정의 공신에게 하사되는 재물 가운데 과도한 것은 받지 않았으며, 인사를 총괄하는 직책인 이조판서의 자리에 있을 때에도 집에 손님이 별로 드나들지 않았다고 한다. 이러한 그의 온후하고 깨끗한 성품은 서정시의 계열에 속하는 그의 시에 잘 드러나 있다. 아래는 「농부의 일」이라는 제목의 시인데, 벼슬에서 물러나 시골로 돌아가서 농사를 지으며 살던 시절의 작품으로 짐작된다. 이 시에는 제 잇속만 차리는 무리와 대비되는 장유의 건강하고 소박한 삶의 자세와 깨끗한 심성이 부각되어 있다.

사람의 마음은 해와 달 같아	人心如日月,
본래 모두 맑고 깨끗하건만	本來皆淸淨.
이익과 욕심에 눈이 멀어	利欲多蔽晦,
어지럽게 다투며 경쟁하누나.	紛紛事趨競.
농부의 일 비록 고달프긴 하지만	農夫雖作苦,
본래의 성품을 지켜 주는 일이라네.	却不枉天性,
어깨를 으쓱이며 아첨하는 이들 보면	君看脅肩子,
여름철 농사일 힘들 것 하나 없다네.	夏畦未爲病.

장유는 인조대에 높은 벼슬을 역임하면서도, 광해군 시절의 정치적 박해로 고향에 은거한 이래로 계속해서 전원생활을 희망했다. 이는 그의 건강 문제 때문이기도 했지만 그가 속임수와 다툼이 횡행하는 세상을 떠나 자연과 가까이 지내는 것을 정직하고 가치 있는 일로 여겼기 때문이다. 이렇게 중심의 화려한 것 가운데에서도 주변의 소박한 것을 추구하려던 태도에서 장유 문학의 매력을 찾을 수 있다.

특히 장유의 시는 이러한 지향을 소박하고 친근한 시어로 형상화하고 있어 독자에게 편안한 감동을 준다. 이는 장유 자신이

수사나 기교에 치중한 글보다는 군더더기 없이 간결하며 말하고자 하는 바를 분명하게 드러내는 글을 선호했기 때문이기도 하다. 그 자신이 "논리가 잘 갖추어지면 글은 꾸미지 않아도 절로 아름다워진다"든가, 시를 지을 때 유의할 점으로 "유행하는 기교를 부리지 말 것, 의미가 잘 통하지 않는 말을 쓰지 말 것, 표절하지 말 것, 남을 흉내내지 말 것, 의심스러운 일이나 너무 튀는 말을 쓰지 말 것" 등을 든 데서 이런 점을 재삼 확인할 수 있다.

한편 장유는 현실 정치에도 깊숙이 개입했던 인물로, 그의 글 역시 경구(警句) 형식 내지 비유적 수법을 빌어 삶의 원칙이나 철학을 서술하거나 개인적인 감정을 피력하는 데만 그치지 않았다. 장유의 문집 『계곡집』 가운데 삼분의 일이 조금 넘는 분량은 조정에 올린 표(表)나 전(箋) 또는 책문(冊文), 임금을 대신하여 쓴 교서(敎書) 등 공식적인 임무를 띠고 쓴 글이 차지하고 있다. 또 산문 가운데는 선비와 군자가 올바르게 처신하는 법, 관리가 수행해야 할 임무 등의 현실적인 문제를 다룬 글도 적지 않다. 그 가운데 「재주 있는 사람은 널리 쓰인다」의 한 구절을 들어 본다.

선비는 이 세상에 태어나 쓸모 있는 사람이 되려는 포부를 품고 벼슬길에 나아가 임금을 섬기면서 힘이 허락하는 한 다방

면으로 노력해 임금을 높이고 백성을 보호하는 일을 한다. 이것이 바로 선비가 뜻하는 바다. 물론 상황에 험난하고 평탄한 차이가 없을 수 없고, 일 또한 어렵고 쉬운 차이가 없을 수 없다. 그러나 어떤 경우를 만나든 최선을 다할 뿐이니, 힘이 들지 편안할지, 안락할지 위태로울지는 염려할 바가 아니다.

「재주 있는 사람은 널리 쓰인다」는 장유의 벗 오숙우(吳肅羽)가 뛰어난 재주 때문에 쉴 틈도 없이 전국 각지로 수고롭게 부임해 가게 된 것을 위로하며 그를 격려하는 글이다. 장유는 선비가 글을 읽고 자신을 수양하는 것뿐만 아니라 벼슬길에 나아가 임금과 백성을 위해 헌신해야 한다는 점을 강조하였다. 그 자신 노장의 사상에 심취해 있었으면서도 흔히 가질 수 있는 선입견처럼 현실적인 문제를 도외시하기보다는 오히려 현실에 적극적으로 참여하면서 자신의 사상적 지향과 현실의 문제 사이에서 긴장을 유지하였다.

요컨대 장유는 다양한 학문적 관심으로 여러 분야를 섭렵한 개방적인 사유를 지닌 문인이자, 현실적인 안목과 결단력을 지닌 정치인이었으며, 성실한 유자(儒者)인 동시에 유가에서 이탈하려는 지향을 가진 인물이었다. 「호당(湖堂)의 모임을 기념하는 병풍에 쓴 글」에서 뽑은 다음의 글에서 장유의 이러한 입장을 확인할 수 있다.

벼슬과 학문이 서로 어긋나지 않게 하고, 본체(本體)를 밝히고 이를 적용하여 시대의 요구에 부응해야만 뿌리에 물을 주어 열매를 따먹고자 하는 바람을 겨우 저버리지 않게 될 것입니다.

조선 시대에는 임금이 신하에게 독서할 여가를 주는 제도가 있었는데, '호당'이란 바로 선발된 신하들이 책을 읽는 장소였다. 장유는 호당의 일원으로 선발된 후 그곳의 모임에서 이런 말을 했는데, 그 가운데 벼슬살이와 학문이 서로 어긋나지 않게 해야 한다는 말이 그가 추구했던 삶의 방식과 매우 가까워 보인다. 이와 같이 중심에서의 삶과 그 외부를 지향하는 움직임이 공존하는 것이 그의 삶과 글이 지닌 특성이자 매력이라고 할 수 있다.

5

끝으로 이 책의 구성을 간단히 소개하며 글을 마무리하고자 한다. 이 책은 크게 2부로 구성되어 있다. 1부에서는 시를 가려 뽑았다. 벗과 가족에 대한 그리움을 읊은 시들, 계절에 따라 변하는 자연의 아름다움을 노래한 시들, 병중의 고달픈 일상과 병중의 깨달음을 노래한 시들, 검소하고 소박한 삶을 노래한 시들을 각각 네 개의 장으로 구성하였다. 2부에서는 산문을 가려 뽑았다. 자연스럽고 욕심 없는 삶의 원칙을 쓴 글들, 관리와 선비의 도리에 대해 쓴 글들, 『계곡만필』(谿谷漫筆)에서 뽑은 글들을 세 개의 장으로 구성하였다. 『계곡만필』은 일종의 수상집(隨想集) 내지 수필집이라고 할 수 있는 글모음이다. 그밖에 조정의 공식적인 업무와 관련된 글들은 이 선집에 뽑아 싣지 않았다.

    장유는 사후에도 그 정치적 업적과 뛰어난 문장으로 인해 후대인의 칭송을 받았다. 그런 그의 글이 오늘날의 독자에게 오래고도 새로운 감동을 주기를 기대해 본다. 특히 사람과 사람 사이의 불신과 폭력이 날로 심해져 가는 오늘날, 이기심을 버리고 모든 존재가 하나의 근원에 뿌리를 두고 있다는 점을 기억하라는 장유의 말은 독자의 가슴에 깊은 여운을 남기리라 믿는다.

장유 연보

작품 원제

찾아보기

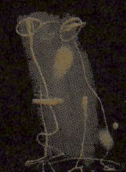

장유 연보

1587년(선조 20), 1세 — 12월에 평안도 선천부(宣川府) 관아에서 태어나다.
1599년(선조 32), 13세 — 부친이 별세하다.
1601년(선조 34), 15세 — 윤근수(尹根壽)에게서 『한서』(漢書)와 『사기』(史記)를, 김장생(金長生)에게서 예학(禮學)을 배우다. 김장생의 문하에서 평생의 벗 정홍명(鄭弘溟), 최명길(崔鳴吉) 등을 만나다.
1606년(선조 39), 20세 — 진사시(進士試)에 급제하다.
1609년(광해군 1), 23세 — 별시(別試) 문과(文科)에 합격하여 승문원(承文院)에 들어가다. 시강원 설서(侍講院說書)를 겸하다.
1612년(광해군 4), 26세 — 규장각 대교(奎章閣待敎)로 재직 중 김직재(金直哉)의 모반에 처남이 연루되어 파직되다. 고향 안산으로 내려가 모친을 봉양하며 독서와 저술에 힘쓰다.
1618년(광해군 10), 32세 — 그동안 쓴 글을 모아 『묵소고』(默所稿) 갑(甲)을 편찬하다.
1623년(인조 1), 37세 — 인조반정(仁祖反正)에 참여하다. 대교(待敎), 전적(典籍), 예조좌랑, 이조정랑 등의 벼슬을 역임하다.
1624년(인조 2), 38세 — 인조반정의 논공행상에 불만을 품은 이괄(李适)이 난을 일으키자 인조를 모시고 공주로 가다. 공주로 가는 길에 대사간에 임명되다. 대사헌에 임명되었으나 병으로 사직하다.
1626년(인조 4), 40세 — 인헌왕후(仁獻王后)의 상에 인조가 상복을 얼마 동안 입어야 하는가에 대해 조정에서 의견을 개진하다. 대사간, 부제학, 대사헌 등을 역임하다.
1627년(인조 5), 41세 — 정묘호란(丁卯胡亂)이 일어나자 인조를 모시고 강화도로 가다.
1631년(인조 9), 45세 — 딸이 인조의 둘째 아들 봉림대군(鳳林大君)과 가례(嘉禮)를 치르다.
1635년(인조 13), 49세 — 그동안 쓴 글을 모아 『계곡초고』(谿谷草稿) 26권을 편찬하다.
1636년(인조 14), 50세 — 병자호란(丙子胡亂)이 일어나자 인조를 모시고 남한산성으로 가다. 최명길과 함께 강화를 주장하다.
1637년(인조 15), 51세 — 모친이 세상을 떠나다. 우의정을 제수 받았으나 사직하다. 모친의 이장(移葬)에 신경을 쏟다가 건강이 나빠지다.
1638년(인조 16), 52세 — 삼전도비문(三田渡碑文)을 썼으나 채택되지 않다. 청나라에

	포로로 잡혀갔던 며느리와 아들을 이혼시켜 달라고 예조(禮曹)에 청하다. 3월에 병으로 별세하여 안산(安山) 월곡리(月谷里)에 묻히다.
1643년(인조 21)	─아들 장선징(張善澂, 1614~1678)이 병자호란 때 흩어진 글들을 수습하여 문집을 간행하다.
1649년(효종 1)	─효종(孝宗)이 즉위하고 장유의 딸이 왕후가 되다.
1655년(효종 6)	─'문충'(文忠)이라는 시호를 받고 영의정으로 추증되다.
1674년(현종 15)	─우암(尤庵) 송시열(宋時烈)이 「계곡장공신도비명」(谿谷張公神道碑)을 짓다.
1914년	─구한말(舊韓末)의 한학자 창강(滄江) 김택영(金澤榮)이 우리나라의 가장 빼어난 문장가 아홉 분의 글을 뽑아 엮은 책 『여한구가문초』(麗韓九家文抄)에 그 글이 수록되다.

작품 원제

그리운 얼굴

· 아이들의 죽음을 슬퍼하다 —— 도요(悼夭) 021p

· 집에 돌아오니 —— 환가(還家) 023p

· 딸이 죽은 지 일 년 되는 날에 —— 망녀초기일 이수(亡女初朞日 二首) 024p

· 나그네 마음 —— 고추(高秋) 026p

· 9월 9일에 —— 중구(重九) 027p

· 친구가 생강을 보내 주어 —— 창랑자기건강유시 차운이수(滄浪子寄乾薑有詩 次韻以謝) 028p

· 벗들에게 —— 용전운 사낙전분서중문삼군자내방(用前韻 謝樂全汾西仲文三君子來訪) 030p

· 돌아가신 김상관 어른을 슬퍼하며 —— 곡김장단상관(哭金長湍尙寬) 031p

· 정 털보와의 작별 —— 증별정군평(贈別鄭君平) 033p

· 원님으로 가는 김상복에게 —— 송상주김사군중정(送尙州金使君仲靜) 034p

· 보내온 석류에 감사하며 —— 나응서기석류유시 차운이사(羅應瑞寄石榴有詩 次韻以謝) 035p

· 시험에 떨어진 이에게 —— 송장생희직하제후귀해서부가(送張生希稷下第後歸海西婦家) 036p

· 돌아서면 그리워 —— 차운기사중연 이수(次韻寄謝仲淵 二首) 중 제2수 037p

· 정홍명과 이명한에게 —— 전소일회 대시병리가경 객산고좌 음성소시 봉정기암급백주쌍벽(前宵一會 大是病裡佳境 客散孤坐 吟成小詩 奉呈畸菴及白洲雙璧) 038p

· 돌아갈 기약 —— 장생희직기시 책여구실귀기 차운이답(張生希稷寄詩 責余久失歸期 次韻以答) 039p

· 나그네의 모습 —— 행색(行色) 040p

· 그리운 고향 —— 희청(喜晴) 041p

· 시냇물 소리 —— 객야문계성(客夜聞溪聲) 042p

흐르는 사계(四季)

- 봄날에 젖어 ── 만흥(漫興) 045p
- 약초밭에 봄비 ── 약포춘우(藥圃春雨) 사계선생양성당십영(沙溪先生養性堂十詠) 중 제1수 046p
- 봄, 길 위에서 ── 안양도상(安陽道上) 047p
- 노들나루 ── 노량도(鷺梁渡) 048p
- 굵은비가 자꾸 내리면 ── 춘일고우 자일자지십자(春日苦雨 自一字至十字) 049p
- 모란꽃 ── 소계목단(小階牧丹) 051p
- 산협에 노닐며 ── 입협(入峽) 052p
- 포도 ── 포도(葡萄) 053p
- 고기잡이 구경 ── 남계관어(南溪觀魚) 054p
- 맨드라미 ── 계관화(鷄冠花) 마병류금제촌 한간원중잡식 만성오영(馬病留金堤村舍 閒看園中雜植 謾成五詠) 중 제1수 055p
- 인생 ── 유감 육운(有感 六韻) 056p
- 바닷가 마을 풍경 ── 전거만흥 팔운(田居漫興 八韻) 057p
- 가을풍경 1 ── 차장생운(次張生韻) 059p
- 가을풍경 2 ── 추망(秋望) 060p
- 들국화 ── 야국화(野菊花) 마병류금제촌 한간원중잡식 만성오영(馬病留金堤村舍 閒看園中雜植 謾成五詠) 중 제3수 061p
- 추수 ── 확도(穫稻) 062p
- 가을날 친구의 별장을 방문하고 ── 추일방돈시별업(秋日訪敦詩別業) 063p
- 12월의 국화 ── 설후한심 잔국유자가관 감이유영(雪後寒甚 殘菊猶自可觀 感而有詠) 064p
- 달빛 속의 매화 ── 매초호월(梅梢皓月) 사계선생양성당십영(沙溪先生養性堂十詠) 중 제5수 065p
- 폭설 ── 조래설익심우성(朝來雪益甚又成) 066p
- 섣달 그믐날 길을 가며 ── 세제일 행알선묘도중작(歲除日 行謁先墓途中作) 067p

병중의 읊조림

- 병중에 답청일을 맞아 —— 답청일와병 신필서회(踏靑日臥病 信筆書懷) 071p
- 조물주에게 묻다 —— 문조물(問造物) 074p
- 조물주가 답하다 —— 조물답(造物答) 076p
- 가을날 병들어 누워 —— 추일와병 용태백자극궁운(秋日臥病 用太白紫極宮韻) 078p
- 엎드려 쓰는 시 —— 와병(臥病) 080p
- 병석에 누워 —— 복침(伏枕) 081p
- 병들어 일 년 —— 병음이수(病吟二首) 082p
- 꽃향기가 날아와 —— 석춘 차우고성중견기운(惜春 次友古省中見寄韻) 084p
- 병든 후에 —— 답천장(答天章) 086p
- 봄을 보내며 —— 병용골몰 도불각춘서이진 백주시래 불감초창 만성이장 운악수각견강 지공일소(病冗汩沒 都不覺春序已盡 白洲詩來 不堪怊悵 謾成二章 韻惡殊覺牽强 只供一笑) 087p
- 낙화 —— 낙화(落花) 089p
- 나는 유마의 화신 —— 병회(病懷) 090p

욕심 없는 삶

- 개구리 울음소리 —— 와명부(蛙鳴賦) 093p
- 침묵예찬 —— 묵소명(默所銘) 101p
- 나는 못난이 —— 지리자자찬(支離子自贊) 103p
- 뜻이 족하면 그만이지 —— 즉사(卽事) 104p
- 무덤 속은 봄처럼 따사로우리 —— 만노종실(挽老宗室) 105p
- 팥죽 한 그릇 —— 신기끽두죽만음 효목은체(晨起喫豆粥漫吟 效牧隱體) 106p
- 봄날의 여유 —— 조춘서회 회문(早春書懷 回文) 107p
- 계양 가는 길에 —— 계양도중조행(桂陽途中早行) 108p
- 섣달 그믐날 밤에 —— 을해제석작(乙亥除夕作) 109p

· 시골집 —— 우화이절(又和二絶) 110p
· 시골로 돌아와 1 —— 귀전만부(歸田漫賦) 중 제5수 112p
· 시골로 돌아와 2 —— 귀전만부(歸田漫賦) 중 제10수 113p
· 농부의 일 —— 귀전만부(歸田漫賦) 중 제7수 114p
· 기암자에게 —— 우중기기암자(雨中寄畸庵子) 115p
· 욕심을 버리고 —— 괘명체(卦名體) 118p
· 최명길에게 —— 차운기창랑자(次韻寄滄浪子) 120p

자연을 따르는 지혜

· 자연의 솜씨 —— 우언(寓言) 중 첫째글 125p
· 있으면서 없는 것 —— 우언(寓言) 중 둘째글 129p
· 삶과 죽음은 하나다 —— 방언(放言) 131p
· 붓 이야기 —— 필설(筆說) 135p
· 대숲에 부는 바람 —— 풍죽설증최자겸(風竹說贈崔子謙) 137p
· 갈매기의 지혜 —— 해구불하설(海鷗不下說) 141p
· 굽은 나무와 굽은 선비 —— 곡목설(曲木說) 144p
· 나의 문집에 대하여 —— 묵소고갑자서(默所稿甲自序) 147p
· 어르신의 장수 비결 —— 하동지신공경수연시서(賀同知申公慶壽宴詩序) 149p
· 마음의 빛 —— 야명정기(夜明亭記) 152p
· 빙호선생 이야기 —— 빙호선생전(氷壺先生傳) 155p

벼슬아치의 처신

· 큰 의리와 작은 의리 —— 관고론(貫高論) 161p
· 푸른 눈 흰 눈 —— 청백안설(靑白眼說) 166p
· 남해의 섬으로 유배 간 홍면숙에게 —— 기홍면숙서(寄洪勉叔序) 168p
· 병든 고을을 다스리는 법 —— 송전주부윤이창기서(送全州府尹李昌期序) 172p

- 지방관이 되어 떠나는 오숙우를 전송하며 —— 송오숙우출목여주서(送吳肅羽出牧驪州序) 177p
- 땅은 사람 때문에 유명해진다 —— 수성지서(水城志序) 181p
- 재주 있는 사람은 널리 쓰인다 —— 송오숙우순찰해서서(送吳肅羽巡察海西序) 183p
- 관서로 부임해가는 내 동생 현국에게 —— 송가제현국안절관서서(送家弟顯國按節關西序) 188p
- 봄비 같은 정치 —— 춘우당기(春雨堂記) 192p

붓 가는 대로 쓴 글

- 『계곡만필』 머리말 —— 만필자서(漫筆自敍) 197p
- 비둘기와 콩새 199p
- 우리나라의 경직된 학풍 200p
- 옛사람이 글에 쏟은 정성 202p
- 즐거움을 밖에서 찾지 마라 203p
- 이름 끼워넣기 204p
- 문장의 기본원리 205p
- 담배의 효능 206p
- 담배 예찬 208p
- 옛 관리의 집안 단속 209p
- 좋은 시란 210p
- 즐거운 요상함 212p
- 말보다 글 214p
- 간난아이, 담쟁이, 그림자, 도둑놈, 짐승 215p
- 정의와 욕심 216p
- 글 쓰는 사람의 자존심 217p
- 글을 볼 줄 아는 사람 219p
- 늦깎이 공부 220p

- 시를 지을 때 다섯 가지 유의할 점 221p
- 여름벌레가 얼음을 알랴 222p
- 아름다운 부인과 못생긴 부인 223p
- 자기 안의 신 224p

찾아보기

|ㄱ|

가을　26, 34, 55~60, 62, 63, 78, 80,
　　　86, 90, 142, 172, 188
개구리　93, 96~100, 222
건강　73, 75, 77, 83, 103, 106, 149,
　　　151, 172, 197, 207
고향　23, 27, 36, 39, 41, 42, 53, 161
공자(孔子)　119, 129, 130, 133, 139,
　　　143, 156, 166, 197, 204, 222
군자(君子)　136, 141, 144, 161, 162,
　　　164, 170, 171, 177, 183, 193, 199,
　　　204, 205, 215, 222~224

|ㄴ|

나그네　26, 40, 42, 80
노자(老子)　151, 153, 156
농사　112~114, 120

|ㄷ|

도가(道家)　152, 200

|ㅁ|

만물　66, 76, 95, 96, 115, 129, 131~
　　　133, 141, 153, 154, 171, 183, 193
무덤　22, 31, 105, 144
무위(無爲)　126, 151
문장　74, 147, 205

|ㅂ|

백성　34, 58, 173~175, 177~180,
　　　183, 184, 186, 193, 194, 212, 213
벗　26, 29, 30, 37, 38, 85, 86, 88, 117,
　　　152, 167, 178, 180
벼슬아치　177, 194, 206

|ㅅ|

생명　115, 162, 170
서울　23, 26, 83, 108, 118, 169, 172,
　　　179, 192
선비　98, 112, 136, 141, 142, 144,
　　　146, 155, 157, 166, 167, 169, 174,
　　　175, 184, 187, 188, 200
시골　28, 40, 57, 58, 61, 112, 113, 119
신하　85, 161, 162, 164, 165

|ㅇ|

욕심　103, 104, 107, 114, 118, 119,
　　　134, 136, 139, 140, 143, 150, 151,
　　　197, 216
우주　74, 95, 97, 115, 224
원님　34, 172, 180, 192
유학(儒學)　108, 201
이명한(李明漢)　38, 86, 88, 152, 153

|ㅈ|

자연　99, 100, 107, 125, 126, 128,

256

130, 179
장자(莊子) 116, 120, 153
정치 147, 180, 184, 192~194
정홍명(鄭弘溟) 38, 117
조화(造化) 74, 128
죽음 21, 22, 32, 105, 131, 132, 134, 145, 161~163, 167, 170, 184
중국 185, 200, 206
지방관 23, 34, 177, 178, 182
지혜 115, 133, 139, 141, 143, 167

| ㅊ |

천지(天地) 128, 129, 222, 224
최명길(崔鳴吉) 29, 120, 121, 137